1. Auflage 2016

copyright © MotteVerlag, Anke Wasser
München
copyright © Gabrielle Wörer

Alle Rechte vorbehalten,
insbesondere das des öffentlichen Vortrags
sowie der Übertragung durch Rundfunk und Fernsehen,
auch einzelner Teile.
Kein Teil des Werks darf in irgendeiner Form
(durch Fotografie, Mikrofilm oder andere Verfahren)
ohne schriftliche Genehmigung des Verlages reproduziert
oder unter Verwendung elektronischer Systeme verarbeitet,
vervielfältigt oder verbreitet werden.

Umschlagillustration: Claudette Caico
Satz: Druckerei Rupert Huber, München
Druck und Bindung: GGP Media GmbH, Pößneck

Printed in Germany

ISBN 978-3-9816450-2-6

# Unter dem letzten Viertel des Mondes geboren

von
Georg Woerer

Ein Stück
Theater   Poesie   Philosophie

mit Illustrationen
von

Hartmut van Riesen
Claudette Caico
Lea Stikkelorum
Barbara von Johnson
Manû Wondratschek
Michela Bovenzi
Manuela Illera
Oliver Estavillo

Copyright by Gabrielle Wörer

Personen

Eine Greisin, die jünger wird (ICH I)
ICH II, ein Mann Ende dreißig
A, ein Junge, zwanzigjährig
B, ein Mädchen, zwanzigjährig
Zehn „Stumme Ankläger", die mehrere Rollen übernehmen:
1. „Stummer Ankläger" (Wortführer)
2. „Stummer Ankläger"
    (Angestellter des Beerdigungsunternehmens; 1. Herr)
3. „Stummer Ankläger"
    (Angestellter des Beerdigungsunternehmens; 2. Herr)
4. „Stummer Ankläger", eine Frau (I.Dame)
5. „Stummer Ankläger", eine Frau (2.Dame)
6. „Stummer Ankläger" (der Geistliche)
7. „Stummer Ankläger", (ein Bediensteter)
8. „Stummer Ankläger", (ein Bediensteter)
9. „Stummer Ankläger", ein Kind
10. „Stummer Ankläger", ein Kind

Ein Embryo

Fünf Arbeiterinnen, zwanzigjährig
Mehrere Auslagepuppen

Anmerkung zum Bühnenbild

Der Klarheit der Sprache sollte ein sparsames, nüchternes Bühnenbild gegenüberstehen.
Im zweiten Teil des Stücks, im Leichenwagen, sollten klare Linien vorherrschen; der Leichenwagen muss Weite evozieren; die Farben, die ich sehe, sind rot, schwarz, gelb und braun.
Szenenwechsel:
Im ersten Teil bei geschlossenen Vorhang, im zweiten Teil, zumal im Leichenwagen, bei offenem Vorhang.

Anmerkung zur Sprache

Die Sprache lebt durch die Pausen, durch die verhaltenen Bewegungen der Körper; sie steht in einer atmosphärischen Weite, die unbedingt erreicht werden muss. Genauso wie die Handlung selbst, ist sie nicht gewalttätig, sondern poetisch-rituell, nie wirklich an jemanden gerichtet.

Ich sehe die Erklärungen, Forderungen und Gegenerklärungen als ein großes nacktes Selbstgespräch.
Um - hauptsächlich im Vor- und Nachspiel - den Stimmen der Protagonisten zu einer zweiten Ebene der atmosphärischen Weite zu verhelfen, wird das gesprochene Wort so weit technisch entfremdet und manipuliert, dass es die Andeutung eines Echos verrät.

Vorspiel

Dunkle Bühne. Ein Frauenkopf, ohne Leib, ausgezehrt, in einem Lichtkegel. Er liegt in einem Kranz weißer Haare auf die Seite gekippt am Boden (hinter ihm ein länglicher Schatten).
Er erinnert sich und findet sich schließlich, umgeben von den „Stummen Anklägern" und deren Wortführer, die auf ihr Vergnügen warten, wieder.

Frauenkopf, mit elektronisch
entfremdeter Stimme:

    Ein über und über ruinierter Unterleib

    Vollkommen zersäbelt

    Tot wie er toter nicht mehr sein kann

*(Kurzes Intervall)*

    Der Gleichgültigkeit eines sogenannten
    Spezialisten zu verdanken

    Einem eigens dafür zuständigen Spezialisten

    Seiner Zerstreutheit

    Einem Quacksalber

    einem Mitglied der Ärztekammer zu verdanken

*(Kurzes Intervall)*

Ein junger Mann

das Studium hinter sich

mit großen Zukunftsplänen

Ihm

Ihm

seiner Unkenntnis

dem Unvermögen mit dem Messer umzugehen

ihm verdanke ich es


*(Kurzes Intervall)*


Mein Mitgefühl

es war

der Wunsch zu unterstützen

seine Selbständigkeit voranzutreiben

ein dermaßen gefragtes

einem wieder Hoffnung gebendes Spezialgebiet zu unterstützen


*(Kurzes Intervall)*


Ich sage

er hat nicht richtig hingeschaut

sage

nicht richtig hingeschaut hat er

*(Kurzes Intervall)*

War ja alles da

alles da

die Anzeichen

was Wunder

natürlich

die Anzeichen

Im dritten Monat!

(Der Kopf verlagert seine Stellung. Er bleibt aber schief auf dem Boden liegen. Ein langes Intervall. Dann:)

Ich erinnere mich

Der Eingriff

Daran

darüber aufgeklärt worden zu sein

An einem unvergleichlichen Tag

Mit Aussicht auf komplikationslosen Ausgang

Dem Versprechen unbeschadet davonzukommen

*(Kurzes Intervall)*

    Ein tagtäglich

    hundert

    tausend

    seit neuestem auf Krankenschein

    hundert- und tausendfach erprobter Eingriff

*(Langes Intervall)*

    Zunächst

    bei der ersten Behandlung

    ich spreche

    vergegenwärtige mir mit Vorliebe die erste Behandlung

    weil typisch

    ich denke:   die einleitenden Minuten

                    das vertrauenerweckende Gespräch

                    psychologische Hilfestellung

                    Druckbeseitigung

    Wofür?

    Ich gebe zu:   die zarten Hände

                     der vielversprechende Arzt

    die Kompetenz die ich dem beimaß

    das angeblich zuverlässige Gerät

    ich meine

    das Verständnis überhaupt hat mich geblendet

Die Beteuerung

unbeschadet davonzukommen

    ich Dreimalgeschlagene

war ja nur zu wörtlich

Ich war unglücklich

In höchster Anspannung

Mit einem zuversichtlichen Wort in Höhenflüge versetzen


*(Kurzes Intervall)*


 Der Argwohn war dahin

 Ich war erleichtert

 Wieder allen Möglichkeiten zugängig

 Wie eine Landschaft stiegen sie vor mir auf

 Eine unendliche Weite

 Ich nahm zu

 erfreute mich eines schönen Gewichts

nicht besorgniserregend

und schrieb das der wiedergefundenen inneren Ausgeglichenheit zu

Begnadete Mütter

dann erst recht vom Glück verwöhnte

in ihrem Dasein neu

was sage ich

in ihrem Weibsein neu bestärkte Mütter fielen mir ein

Ihre Kinder

Spätgeborene

Vom Schicksal begünstigte

glückliche Familien


(In der Tiefe, zuhinterst an der Wand, wird nach und nach ein großes Blutgebilde sichtbar. Es sollte nach Möglichkeit in dickflüssiger Bewegung sein (evtl. durch Projektion). Seitlich vom Blutgebilde, etwas tiefer im Raum, wird allmählich ein Brautkleid aufgeblendet; es ist weiß und über eine Schneiderpuppe drapiert.

Rasch, skandiert zu sprechen:)

Das Wissen um sie

und das Wissen darum

wie auch ich meine Schuld bezwungen habe

weil wie hätte ich daran zweifeln können

wissend

und in der Furcht daran zu scheitern

was ich mir abverlange

noch

zu was für Opfer und Taten ich bereit

welche Mittel mir sonst noch recht wären

        unbeeinträchtigt vom Alter wohlgemerkt

nie

nie

nie auf die persönliche Entfaltung zu verzichten

es half mir

        heftigeren Ansporn verspürte ich

ich verwirklichte ...


*(Kurzes Intervall.*
*Mit gemäßigtem Tempo:)*


Ich war im Rausch

Sprach von Freiheit

        Aus unauffindbaren Gründen

        wo nicht

        dem Wunsch danach

Erste

gute Ansätze waren gemacht

Ich verfüge über ein gewissenhaftes Gehör!

Plötzlich

die erschütternde Gewissheit

Sämtliche Mechanismen: die unterbrochene Menstruation

    Anwandlungen seltener und seltenster Gelüste

    häufiges Unwohlsein

die üblichen Erscheinungen

    verleugnet in meinem Glauben an die
        Wissenschaft der Medizin

    mit Ausflüchten überdeckt

    unsinnigen Erklärungen

    abgeschoben

    vor mich hingeschoben


(Kurzes Intervall)


    so traf eins zum andern

der Druck wurde zunehmend mehr

wurde heftiger

unmöglich der Verdrängung länger etwas gegenzuhalten

bald war der Höhepunkt erreicht

überschritten

*(Kurzes Intervall)*

Ernüchterung über Ernüchterung

ich sah die Pläne

die Bemühungen vernichtet

ich sah die Lächerlichkeit ein mit der ich an meinem Willen fest hielt

*(Kurzes Intervall)*

Nie mehr

          ich schwor nie mehr

soll sich dieser

oder ein ähnlicher

meinen Willen betreffender Vorfall wiederholen!

Schnelles

mich in meiner Notlage rettendes Handeln

          ich wusste worauf es ankam!

Wickelte mich in meterlange Bandagen

Von den Füßen bis hinauf zum Hals

Vom Hals bis hinunter zu den Füßen

Zentimeterdick

Luftundurchlässig

Eine Uhr mit Sekundenzähler

nach ihr regelte ich die Atmung

unregelmäßig

oft erst nach zweiminütigem Aussetzen

Die Diät die ich einzuhalten pflegte

    der ich ein ausgezeichnetes Gehör verdankte

ich habe sie durch Speisen und Getränke überschritten

aß fraß

Überfüllung Verstopfung

Innere Fäulnis

Überwässerung


*(Kurzes Intervall)*


ES ist an den selbstverständlichen Folgen der Überfüllung

an den durch Vermoderung erzeugten Gasen erstickt


*(Kurzes Intervall*

Abermals ein Verrücken der Stellung. Der Schädel bewegt sich, als läge er in den letzten Zuckungen.*)*

Ein abgeflachter Gegenstand diente mir ES auszuschaben

ES war gestaltlos

Ein schwerflüssiger Brei

Ich schabte

    Beseelt von der Freude noch rechtzeitig hinter die
    Täuschung gekommen zu sein

ES mitsamt den diese stinkende Frucht umgebenden
Weichteilen aus


(Das Blutgebilde an der Rückwand verblasst.

   *Kurzes Intervall*

Links und rechts heben sich schwarze Prospekte, dahinter, in kleinen
Gruppen beieinanderstehend, die „Stummen Ankläger". Männer, Frauen
und Kinder. Alle tragen Einheitskleidung, ein jeder ist steif, leblos. Überhaupt muss der Zuschauer zunächst denken, es handelt sich hier ausschließlich um Puppen. - Es empfiehlt sich, überwiegend mit solchen zu
arbeiten, diese aber mit Darstellern zu durchsetzen, die durch geschickte
Schminktechnik nahe an die Unwirklichkeit dieser Puppen heranreichen.
Rechts außen, in gerader Haltung, umklammert ein „Stummer Ankläger"
die Lenkvorrichtung eines metallenen, mit einer Plane überzogenen, auf
Rädern stehenden Wägelchens.
Der Wortführer der „Stummen Ankläger" kommt vorgetreten, bleibt in
einem Meter Abstand zum Frauenkopf stehen. Seine Bewegungen sind
eckig, sparsam.)


Wortführer:    Alle die wir hier versammelt sind

               wir erklären

               den Anblick den du uns bietest

               dein heimliches Sichauflösen nicht länger mehr hinzunehmen

Du übergehst die Strafe die wir dir zugedacht haben

so dass wir uns betrogen fühlen

Dein körperlicher Zustand

    so wie er jetzt ist

fängt die dir gemäße Strafe nicht auf

Zum mindesten nicht so wie er das sollte

und ein

höchstens zwei Tage noch

und es bleibt nichts mehr von dir übrig

Was den wesentlichsten Bestandteil deiner Strafe auszumachen hat

das Leiden nämlich

    das körperliche Leiden

du durchlebst es nicht

in deinem Zustand durchlebst du es nicht

hast es aber zu durchleben

bei vollem Gewicht

bei gutem Zustand

weil uns dein Leiden sonst kein Vergnügen bereitet


(Der Wortführer macht nach hinten ein Zeichen, woraufhin sich zwei „Stumme Ankläger" in Bewegung setzen, nach vorn kommen und vor dem Frauenkopf hinknien. Ihre Bewegungen sind auf das genaueste eingeteilt. Sie fangen an, den Frauenkopf zu häuten.)

Wortführer: Es ist Sinn und Zweck der Strafe uns vergessen zu machen

*(Kurzes Intervall)*

Verhungern zu müssen heißt nicht es auf die angenehmste Weise tun zu dürfen

Es lässt uns keine Reue erkennen

(Unter der fahlen Haut kommt ein etwas jüngerer Frauenkopf, ein etwas jüngeres Gesicht zum Vorschein.

Nun wird der Hals gehäutet; die Stücke der abzuschälenden Haut werden von Mal zu Mal größer; zwei Brustpartien, vier Arme, zwei komplette Rümpfe werden freigelegt, vier Beine ... Ist die Häutung beendet, dann liegt da je ein weiblicher und ein männlicher Körper am Boden.

In dem Moment, wo die zwei „Stummen Ankläger" sich zurückziehen und ihre gewohnte Stellung unter den Puppen eingenommen haben, tragen die aufgedeckten Körper, die wie durch imaginäre Fesseln aneinandergeheftet sind, in simultanen Bewegungen einen pantomimischen Kampf aus.

Währenddessen erstarrt die Szene rings um sie.
Erst wie der Frauenkörper die Oberhand gewinnt, sich vom männlichen Körper absondert und aufrecht zum Stehen kommt, da ergreift der Wortführer erneut das Wort.)

Wortführer: Wir versprechen uns einen würdevollen Abgang

dazu gehört

dass wir uns nicht um ein Quäntchen unseres Vergnügens gebracht sehen wollen

(Der männliche Körper, ICH II, bleibt regungslos.

Der weibliche Körper, ICH I, ist geschwächt. Geschwächt vom Kampf, und geschwächt, da man ihn zwingt, das Urteil in bewußterem Zustand zu durchleben.
Die Spuren, die ein Eß- und Trinkverbot, ein körperliches Leiden mit sich bringt, Spuren, die den Körper zeichnen, werden ihm verwehrt.
(Zeigt er dennoch welche, so wird er sofort wiederhergestellt, etwa: indem man ihn schminkt, ihm das Kopfhaar ordnet, indem man ihm Luft zufächert, seine Haltung korrigiert.
Eine jede dieser Aufgaben obliegt einem oder mehreren gewissen „Stummen Anklägern". Kein Handgriff wird dem Zufall überlassen, ein jeder ist genau vorgeschrieben.)

Um ihre Bewegungsmöglichkeiten, d.h.: die der Frau, zu beschränken, wird jetzt aus dem Wägelchen ein Klappstuhl hervorgeholt; er wird ihr untergeschoben. Ihre Gliedmaßen sind willenlos. Sie lässt sich auf den Sitz nötigen.)


Wortführer:     Eine Frage

        nur eine einfache Frage mit der du dich beschäftigen sollst

        die ausnahmslos alle hier beschäftigt

        die auszusprechen aber niemand unternimmt

        aus Angst allzu vieles damit wachzurufen

        die zu stellen aber unumgänglich ist

        sie bringt dich unserem Vergnügen näher

        vergrößert die Feigheit

              gehen wir davon aus unsere Hoffnung findet sich bestätigt

        und

        tut sie das

dann

zugegebenermaßen schwächt sie unsere Strenge

oder vielmehr

sie rechtfertigt sie
was wiederum heißt

wachsamer sein

und lehrt

ein so langwieriges und ohne Fassung getragenes Ableben zu verhindern


(An die Rückwand wird ein Szenenfoto projiziert. Es zeigt A und B, den Jungen und das Mädchen, an der Hochzeitstafel.
Simultan zu diesem Bild erstarrt der Wortführer, die „Stummen Ankläger" erstarren (wenn sie es noch nicht sind), sie, ICH I, ein jeder erstarrt in seinen Bewegungen. Die Wirklichkeit wie die Erinnerung gehen somit für Augenblicke eine Verbindung ein; ein einziges großes Gemälde ist entstanden.)


Wortführer, ohne sich zu rühren:   Liebtest du sie!?

ICH I schweigt.

Wortführer:   Liebtest du sie!?

ICH I und ICH II, simultan, mit
elektronisch entfremdeter
Stimme:   Ihr wartet

Und werdet warten

Und sehen

Wortführer:   Liebtest du sie!?

ICH I, mit elektronisch
entfremdeter Stimme:  Er

Wird nicht flüchten

Wird bleiben

Muss in meinem Schoß sich

(Wortführer und ICH I, simultan:)

Wortführer: Wer er?   ICH I: Graben

Und ich blicke in mich hinein

wie's dort ausgehen wird

Wortführer: Liebtest du sie!?

ICH I: Er

Ich merke es ihm an

Ist traurig

Er

versucht

Was ich nicht kann

zu vergessen

*(Kurzes Intervall)*

ICH I: Nicht um sie tut es mir leid

(und den Ton in Wellen aus sich herausdrückend, sagt sie:)

um das Kind nur

(Sie springt auf und durchbricht somit das harmonische Gleichgewicht zwischen Wirklichkeit und Erinnerung.)

Vorhang

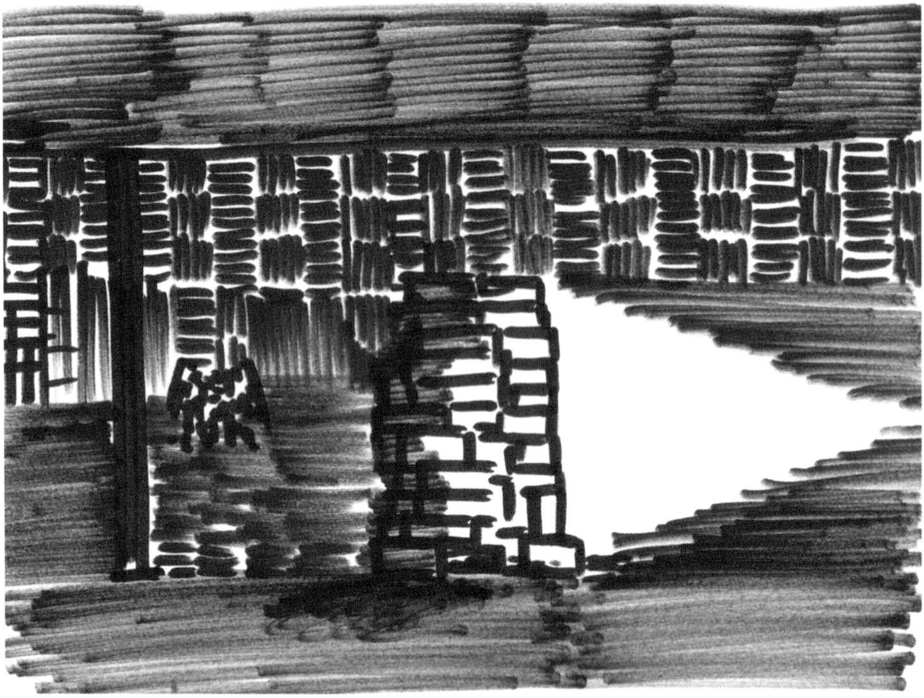

Die Begegnung


Nächtens. Auf bewohntem Gelände. Zu allen Seiten werden Fenster angenommen. Über den Platz ist ein Kabel gespannt; eine brennende Glühbirne hängt daran. Andere Lichtquellen gibt es keine.

ICH I, in umständlicher Haltung dastehend, horcht mit geschlossenen Augen. Die Umgebung ist ausgesprochen still.

ICH II beobachtet die Handlung.

A, der Junge, kommt später hinzu.


Plötzlich, nach einer Weile,


ICH I, mit lautem Organ:   Glaube oder der Wille zur Tat

    In mir ist beides

    Denkt was ihr wollt

    meinetwegen

    dass das nicht reicht

    Mag sein

    Für euch

    Aber ich

    ich werde diese Vorzüge in die Tat umsetzen

    Und euch allesamt überflügeln

(Sie nimmt sich einige Fenster vor, versucht, obwohl die ziemlich weit entfernt sind, in sie hineinzuhorchen. Zwischendurch:)

ICH I, mit lautem Organ:   Einmal

weil ich es bin

und einmal

weil es bedeutend mehr sein wird als ihr imstande seid zu registrieren

(Sie horcht)

Warum stehen die Fenster nicht offen?

*(Kurzes Intervall)*

Ein Beweis dafür wie viel Zeit dazwischen liegt

*(Kurzes Intervall)*

(leise:)   Ich bin vergesslich

(verächtlich:)   schon darin seit ihr mir unterlegen

(und wieder laut:)   Bestimmt habt ihr alles geändert

verständlich

wo kein Vorbild mehr da war

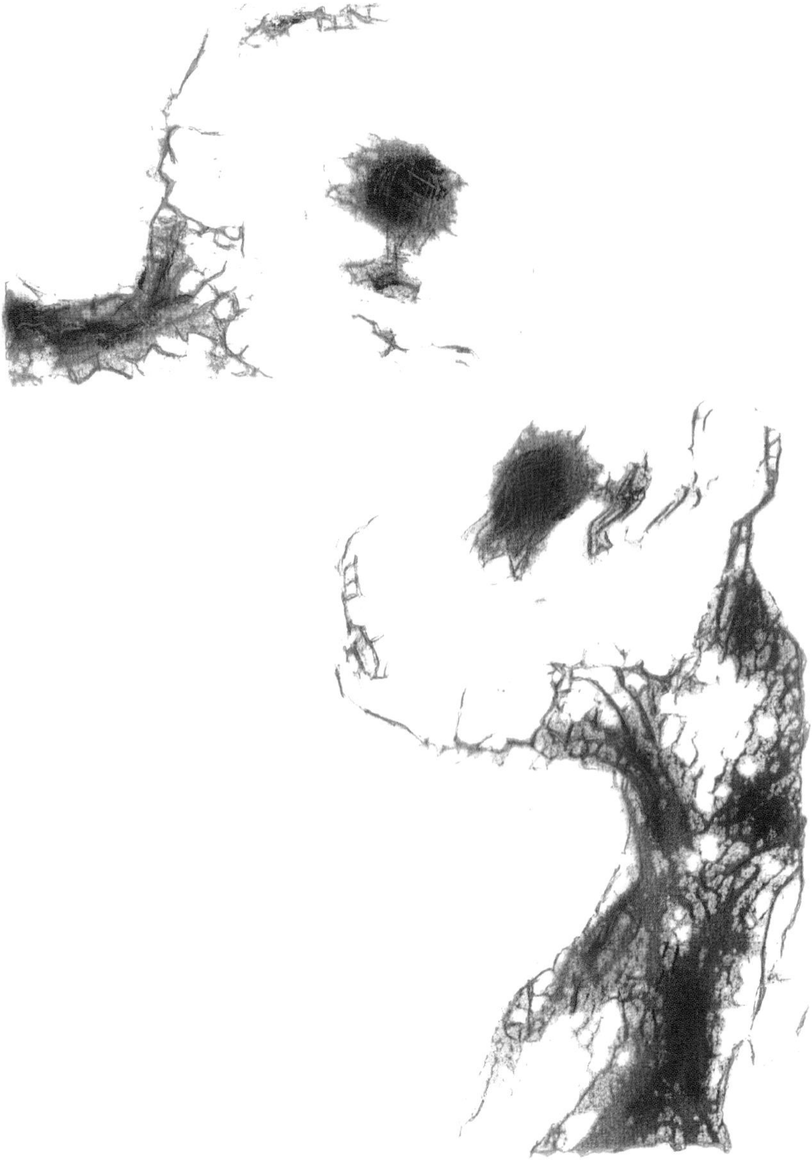

|  |  |
|---|---|
|  | ich euch meine Dienste versagt habe |
|  | damals |
|  | das Horchen |
|  | das euch Zuhorchen |
|  | wo ihr mich groß gemacht habt |
|  | mit Zuhorchen |
|  | mich ganz groß gemacht habt |
|  | und jetzt |
|  | horcht denn niemand mehr zu |
|  | horcht denn keiner |
|  | hört denn keiner |
| (resigniert:) | Aufgegeben! |
|  | Dass ihr aber auch immer jemanden braucht der neue Maßstäbe setzt! |

(Im Hintergrund, der im Schatten liegt, ein Geräusch. Sie reißt die Augen auf, normalisiert sich in der Haltung und fixiert eine Richtung. Dabei schnalzt sie mit der Zunge.)

| ICH I, forschend: | Wer ist das |
|---|---|
|  | Ich weiß dass jemand hier ist |
| A, aus unbestimmbarer Richtung: | Dazu reichts nicht |

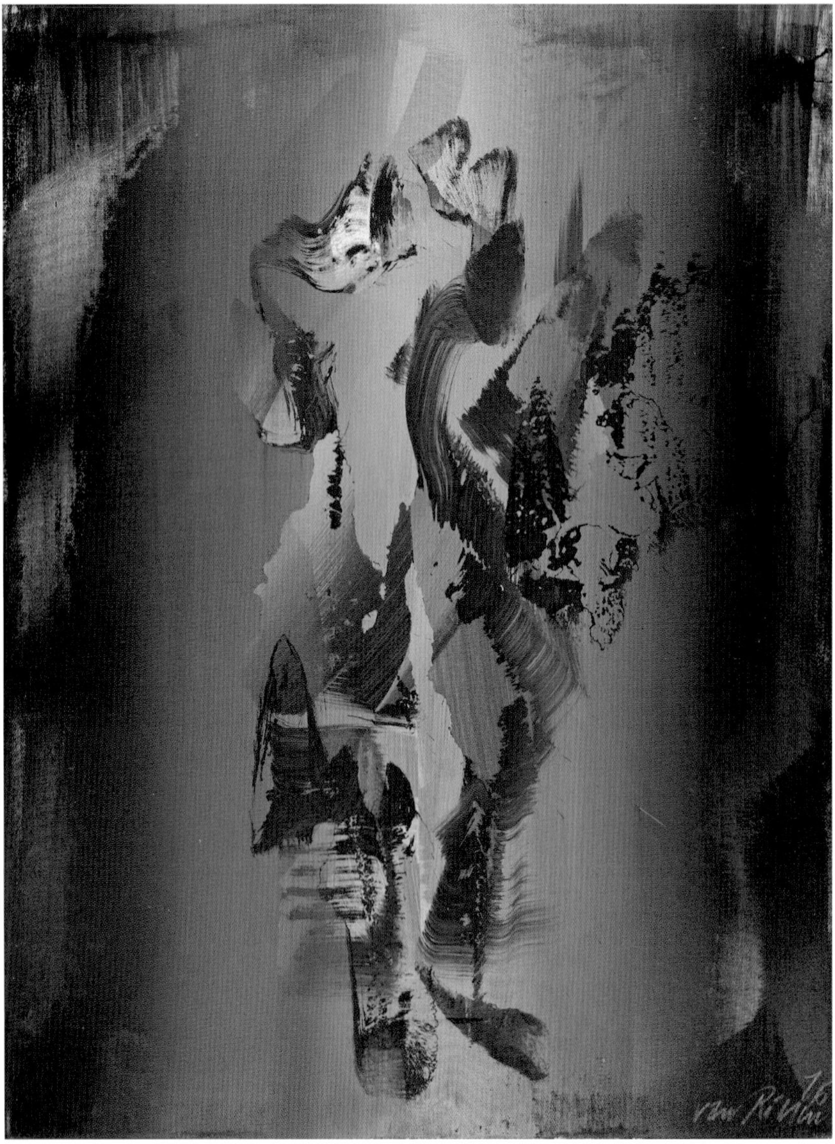

| | |
|---|---|
| ICH I, alle Richtungen untersuchend: (zu sich:) | Das kommt davon wenn man aus der Übung ist |
| (und laut:) | Was reicht wozu nicht? |
| A, aus unbestimmbarer Richtung: | Das Talent |

(Sie gewahrt eine Silhouette. Geht auf sie zu.)

| | |
|---|---|
| ICH I, etwas unkontrolliert: | Merk dir das eine |
| | Im Leben hat der Mensch es zu dem zu bringen |
| | zu dem er's bringt |
| | und schafft er das |
| | hat er verdammt Talent genug |

(ICH II beobachtet interessiert.)

| | |
|---|---|
| ICH I, verärgert: | Im Übrigen |
| | Zu fordern und selbst nichts zu leisten entbehrt jeglicher Art von Feingefühl |
| A, der noch im Schatten steht: | Einmal angenommen ich wollte etwas leisten |
| | dann |
| | glaube ich |
| | besäße ich so viel an Intelligenz |
| | mich damit nicht zu verstecken |

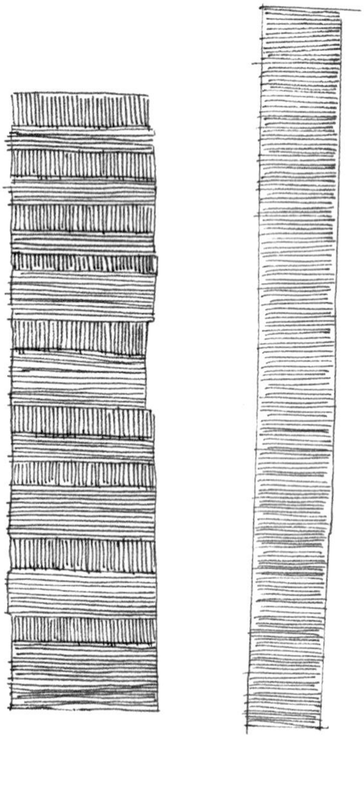

(Sie ist getroffen. Betrachtet ihn eine Weile. Versteht dann aber, dass er sie nur missverstehen kann.
Sie sucht in einem Lächeln die Flucht.)

ICH I:                          Du meinst mich

                                     hier

                                     zu so nächtlicher Stunde

                (zu sich)            Die Zeit ist eine andere

                                     Das Interesse anderen Dingen gewichen

                                     Das Lauschen

                                     Zuhören gehört der Vergangenheit an

                (zu ihm)            Neues

                                     noch nicht Dagewesenes muss gefunden werden

(Und ihre Lage verharmlosend)     Was in deinen Augen Talent ist...

                                     (sie unterbricht sich, fährt in milderem Ton fort:)

                                     muss in meinen noch lange nicht heißen

                                     dass mit dem Vorhandensein dieses Talents die Möglichkeiten zu einer Fortentwicklung erschöpft sind

(Und auf der Suche nach etwas, worin sie sich profilieren kann:)     Gehen wir davon aus Gedanken sind messbar

                                     und schon bin ich einer Kategorie zugehörig

                                     die für dich

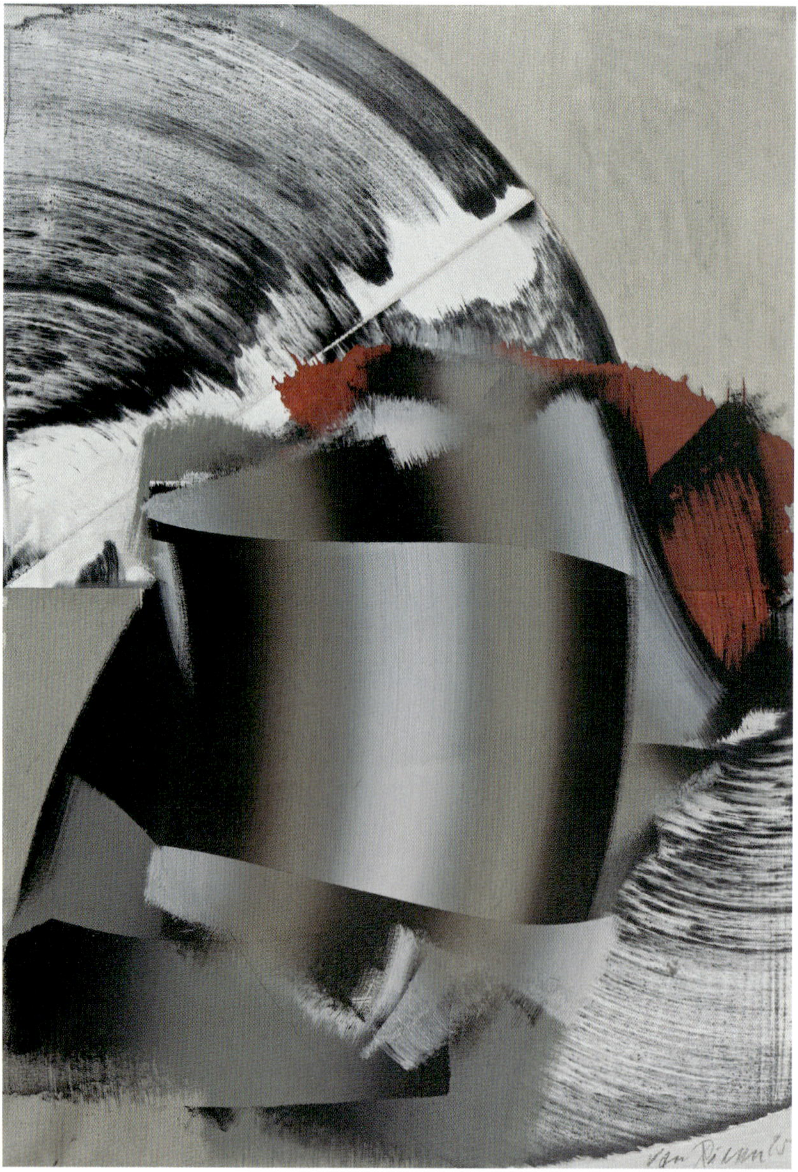

        und für die Mehrzahl aller

notfalls

        wie man sagt

geeigneten Gesetzen unterworfen ist

Noch aber

        zum Glück

sind sie es nicht

Nicht wie Lügen es sind

Oder Wünsche

die

        am Rande bemerkt

separat sind

Wünsche sind separat

sie sind der Antrieb

sozusagen der Motor

und bilden meiner Meinung nach die Basis

Denn was

ohne sie

        das braucht man sich nur einmal vorzustellen

würde schon entstehen

Wünsche

denen kein Gesetz zugrunde liegt

|  |  | merkwürdigerweise |
|---|---|---|

(Sie überlegt, dann:)　　　Vielleicht weil andere Voraussetzungen
　　　　　　　　　　　　　dahinterstecken

　　　　　　　　　　　　　ein anderes Potential

　　　　　　　　　　　　　zum Beispiel das an Willkür

(und mehr zu sich:)　　　　Im Unterschied zu dem der Gedanken

　　　　　　　　　　　　　　was außer Frage steht

　　　　　　　　　　　　　muss die Willkür bei Lügen und
　　　　　　　　　　　　　Wünschen ausgeprägter sein


(A, der ihr nicht zugehört hat, kommt an die Rampe vor und erbricht sich. Er ist blass; sein Körper wird von Zuckungen gekrümmt; er geht zu Boden.
ICH I, inzwischen nicht mehr alleine, da ICH II sich dazugesellt hat, bleibt ungerührt und in Gedanken vertieft, wiewohl der Vorhang wahrgenommen wird.)


ICH I, nach einer Weile, hart:　　Du bist es nicht!

A, der im Erbrochenen liegt
und vor Kälte zittert:　　　　　　Wie

　　　　　　　　　　　　　　　　bin ich wer nicht

ICH I, abweisend:　　　　　　　　Du bist es nicht

　　　　　　　　　　　　　　　　das genügt


(Sie stiert vor sich hin. Fängt dann plötzlich an zu lachen. Sie lacht schrill. Das Lachen dauert an, wird abrupt abgebrochen.)

| | |
|---|---|
| ICH I, vollkommen ernst: | Nie soll sich einer an den Ort der Gefahr begeben und sich sagen: Es wird mir schon ein Wunder geschehen |
| | Ich glaubte |
| | anzuknüpfen wo ich aufgehört habe wäre möglich |
| | glaubte |
| | alle Welt hoffe auf ein Ausradieren meines Rückzugs |

(Sie mustert ihn.)

| | | |
|---|---|---|
| | (zu sich:) | Aber einer ist so gut wie der andere |

(sie setzt den Ton herab, sagt:)

> Leg nicht Hand an die Vorsehung
>
> Geh du tief anbetend ihren Fußstapfen nach

(ICH II, daran interessiert, dass ICH I sich mit A befasst.)

| | |
|---|---|
| ICH II zu A: | Versuch was aus dir zu machen |
| | du bist du |
| | setz' das ein |
| | das gehört dir |

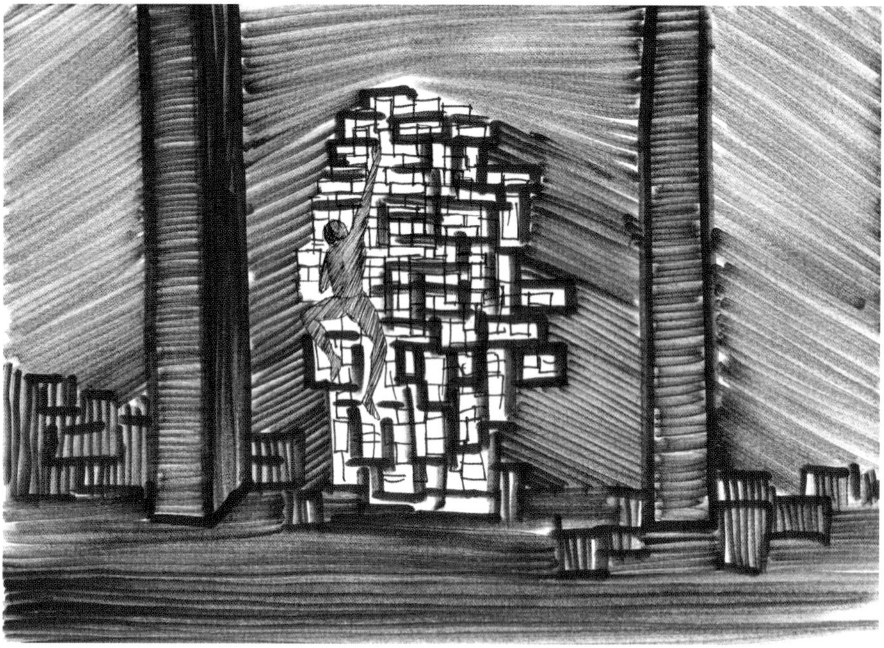

Eine verfallene Lagerhalle

Es ist finster. A kommt aus einem Seitengang, mit eingeschalteter Taschenlampe. Er leuchtet über umgestürzte Mauern, beleuchtet Stützpfeiler. In unmittelbarer Nähe eines Stützpfeilers strahlt er ICH II an. Hernach, und kurz bevor er damit zusammenstößt, einen eineinhalb Meter hohen Ziegelstapel. Er macht die Lampe aus, klettert hoch, macht die Lampe wieder an. In dem Moment entdeckt er einen Schuh. Er bestrahlt ihn. Es ist ein Damenschuh, den er untersucht. Er wird zusehends nervöser, kriecht den Ziegelstapel ab, hektisch, zum Teil mit eingeschalteter, zum Teil mit ausgeschalteter Lampe. Unversehens trifft er auf ICH I, die wie aufgebahrt vor ihm liegt, mit über dem Bauch gefalteten Händen.

Er strahlt sie an.

Sie bewegt sich nicht.

*(Kurzes Intervall)*

Sie öffnet die Augen.

ICH I, erschrocken:          Ich lass mich nicht befruchten!

(Sie stützt sich ab und im Rückwärtsgang flüchtet sie, robbt die Ziegelunterlage entlang, bis sie ins Dunkel abstürzt. - Stille.
A robbt ihr nach.)

ICH I, aus der Tiefe:          Bleib mir vom Leib!

(A ist bis ans Ende des Ziegelstapels vorgedrungen. Er leuchtet die Stelle aus, in die sie abgestürzt ist. Sie liegt wehrlos und eingeengt zwischen Pappkartons in einem Schacht.
A hangelt sich vorsichtig hinunter.
ICH I kommt zu Kräften, robbt, halb im Stehen, halb im Liegen, in die Ecke. A seinerseits geht in der ihr entgegengesetzten Ecke in die Hocke.)

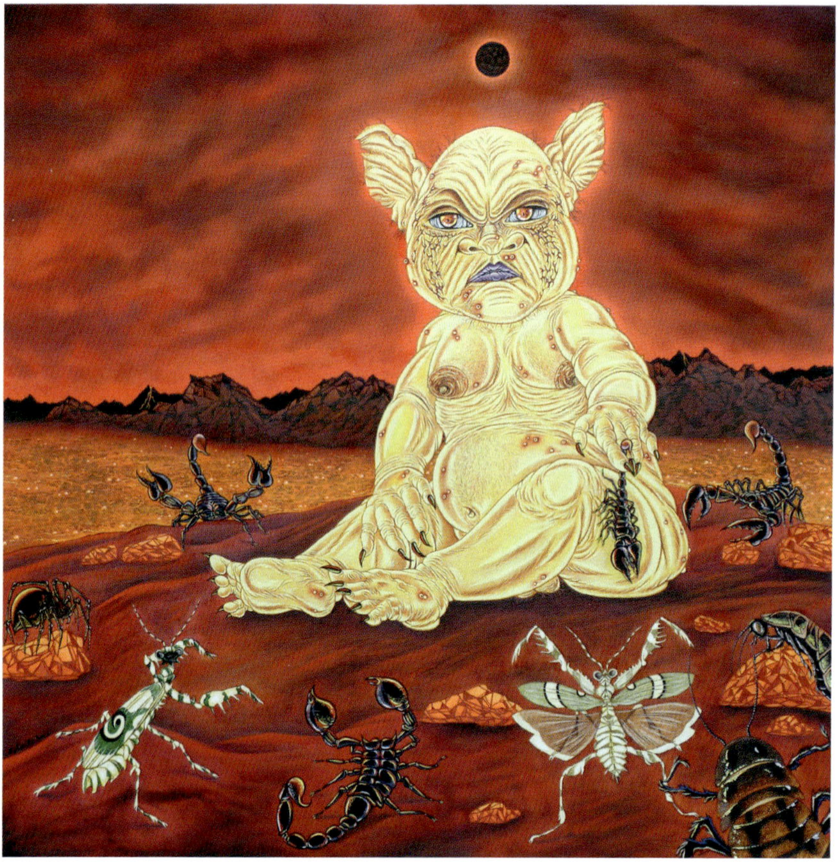

ICH I, beruhigt: Leichtsinn ist

wenn einer aus zwei Hälften besteht
und er glaubt

nur der einen verantwortlich zu sein

das ist Leichtsinn

oder Nachlässigkeit

(Kurzes Intervall)

Hast du dich schon mal wie ein Ei gefühlt?

Noch nie regelrecht vergewaltigt worden?

(A verneint.)

ICH I: Ich hab's probiert

A: Was?

ICH I: Mich hineinzuversetzen

Bis zu einem gewissen Grad ist mir das gelungen

(Sie langt nach der Lampe, die er beiseitegelegt hat und holt damit, während sie spricht, Einzelheiten, Gegenstände aus der Finsternis hervor, unter anderem hin und wieder ICH II, der nach wie vor in unmittelbarer Nähe eines Stützpfeilers steht.)

ICH I Ich habe mich hingelegt

und ich habe mich wie ein Ei gefühlt

                        wie ein Ei

                        hier

                        in dieser Umgebung

                        die auf mich drückt

                        und so gewissenhaft sie das tut

                        schützt sie mich

                        nährt sie mich auch

                                verstehst du das?

                        wie ein Vormund

(Sie leuchtet wie wild in alle Richtungen.)

(erregt:)                Sieht sie verdammt nicht aus wie eine
                         aufgeblasene

                         zu Fruchtlosigkeit verurteilte
                         Gebärmutterhöhle?

(A holt aus seiner Hosentasche Münzgeld und lässt es klingend von der einen Handfläche in die andere fallen.)

ICH I, A unterbrechend:    Still!

                           Merkst du nicht, dass sie atmet?!

(Sie paddelt zu A hin und greift sich seine Hand.)

ICH I, mit fliegendem Atem:   Es ist ein Ringen zwischen ihr und mir

                              Manchmal

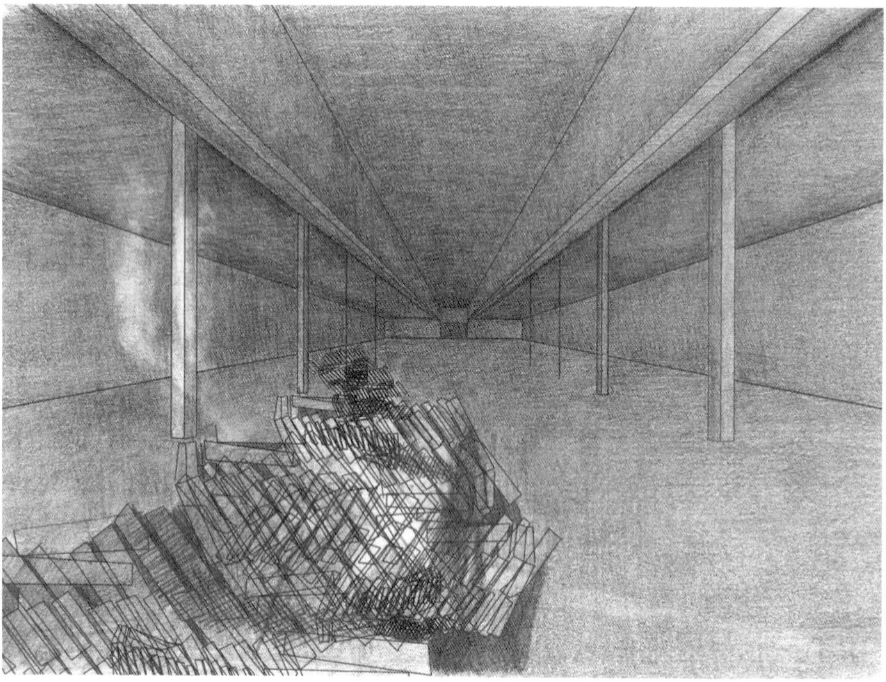

wie soll ich das erklären

manchmal sinke ich weit unter mein Niveau

(Sie steckt sich die ihr überlassene Hand in den Kragenausschnitt, bis diese auf ihrem Busen liegt. Eine Zeitlang geschieht nichts. Dann öffnet sie ihm das Hemd einen Spaltbreit, legt ihm die Hand auf die Brust. Entspannt ruckt er langsam rückwärts nieder, zieht sie, da er mit der Hand an ihrem Busen hängen bleibt, mit sich nach. Bevor sie aber auf ihm zu liegen kommt, macht sie einen Schwenker seitwärts, rappelt sich dann auf die Knie und sagt:)

ICH I, wie nach einer plötzlichen Eingebung:     Ich hab's!

                               Man muss sich ihr anpassen wie ein Chamäleon

                               Oder hältst du mich für feige?

(A reagiert nicht.)

ICH I, ungerührt, eher zu sich:    Um es klarzustellen

                               häufig ist es nicht dass ich mich in ein Ei versetzen kann

                               Da müssen mehrere Dinge zusammen spielen

                               Aber es gibt Orte

                               an denen man das kann

                                       ich zum mindesten habe die Erfahrung gemacht

                               Und kann man es da

                               dann ist es zweckmäßig

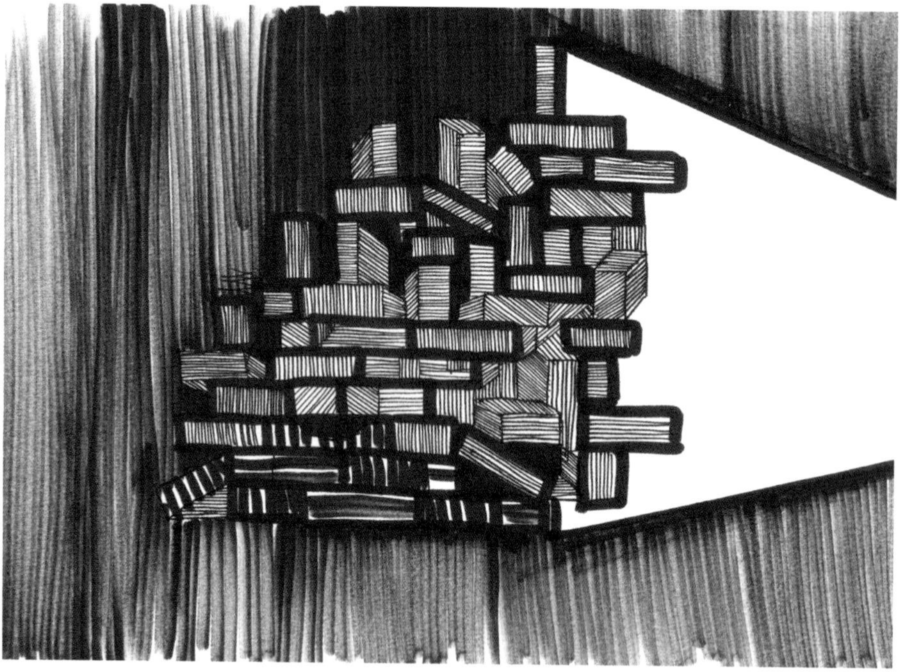

(Und scharf zu ihm hin:)      Selbstverständlich nur solange man nicht belästigt wird!

(Und obwohl er sich nicht zu rechtfertigen versucht:)      Lass das dich rechtfertigen

es war nicht deine Absicht

    da kann ich trennen

(Sie erhebt sich.)

Es ist die Umgebung

Das Unscheinbare hier trügt

das Morbide

Heruntergekommene ist in Wahrheit das reinste Treibhaus!

Es infiziert es verwandelt uns macht uns zu Hörigen

Auch dich!

*(Kurzes Intervall)*

Noch nicht bemerkt?

Du

sogar

bist unerlässlich für ihren endgültigen Triumph über mich!

(gesammelt:)      Und wiewohl mir das bekannt ist gehe ich das Risiko ein

Nun wirst du dich fragen warum

Ich will es dir sagen

Weil ich sie herausfordere

Damit sie Energien produziert

*(Kurzes Intervall)*

(Sie mustert ihn. Weicht wieder, beinahe unauffällig, in die Ecke zurück.)

Der ganze Müll

    der Ballast und der Mantel der ihn umgibt

        reagiert wie ein Seismograph

Die Schwingungen

    die wir verursachen

kommen auf mich zurück

als Energie

die ich absorbiere

(A bewegt sich.)

(Argwöhnisch fährt sie fort:)   Es sind notwendige Impulse die mich stabilisieren

es ist

als wäre ich an allem hier angeschlossen

als existierten Rohre

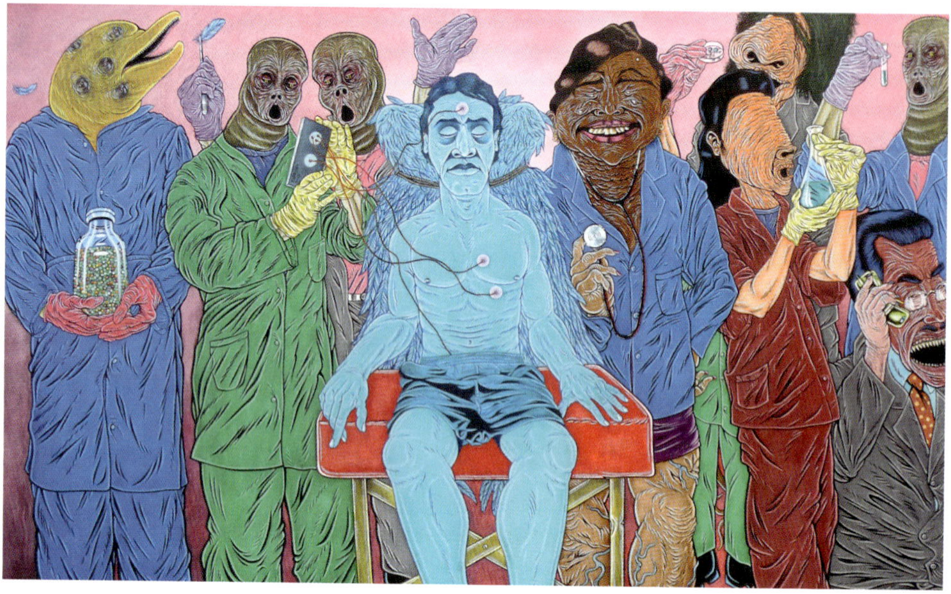

und ich

an den Enden

bin angezapft

am anderen Ende

ein Riesengehirn

all das was du hier siehst

Geist

ein Koloss von einem Hirn

  in der Größenordnung dieser Halle da

Im Allgemeinen ist das eine Angelegenheit von

  wie wenn einer periodisch an die Eiserne Niere muss

  harmlos

  erprobt

(Sich unverstanden gefühlt:)  Du kennst meine Biografie nicht!


*(Kurzes Intervall)*


  Die Halle

    ich habe sie gemieden

    habe abgewehrt dass sie mich wiederherstellt

        (zu sich:)        Oder sollte ich lieber sagen es ist mir versagt worden?

(wieder zu ihm:)        Die Periode liegt jetzt weit hinter mir

                              ich habe mich geändert

                                    aus dem Grund

                                    dass ich mich ihr wieder anvertraue

                                    ein gesteigertes Pensum an Kraft

                                    an Willensstärke zu erlangen

(A spielt mit seinem Münzgeld.)

                            Du darfst die Dinge nicht falsch sehen

                                  ich bin keine Egoistin

                            unser Verhältnis

                            in der Regel zirkuliert es so

                            ich zehre von ihr

                            sie zehrt von mir

                                  was sich nicht die Waage hält

                                  ich meine

                            i c h  bin es die von dieser Synthese profitiert

(im selben Atemzug:)        Nein

                            vergiss das

                            für sie

          nämlich

          stelle ich ein elementares Bedürfnis dar

          bin ich eine Art am Leben erhaltendes Elixier

          und bleibe ich aus

          fällt sie dem Zerfall anheim

(Abermals mit der Lampe umherleuchtend, unter anderem auf ICH II:)    Schau dich um in was für einer Kondition sie mittlerweile ist

(A steht auf, sammelt Kartone und stockt sie übereinander.
Eine improvisierte Stiege entsteht.
Sie leuchtet ihm.
Er lümmelt sich auf das entstandene Gebilde hin. Auf zweideutige Art spielt er mit seinem Hemdstoff, zupft ihn aus dem Hosenbund, streift das Hemd dann ab.)

ICH I, auf seinem Brustkorb starrend:    Halt dich unter Kontrolle!

          Rühr mich nicht an

          Ich würd's nicht überleben

A, überrascht:    Was nicht überleben?

ICH I:    Eine Vergewaltigung

(Es herrscht Stille. Ein kurzes, irritiertes Auflachen von A.)

ICH I, in sein Lachen hinein:    Ich warne dich

          das ist nicht komisch!

          Du bringst mich um damit!

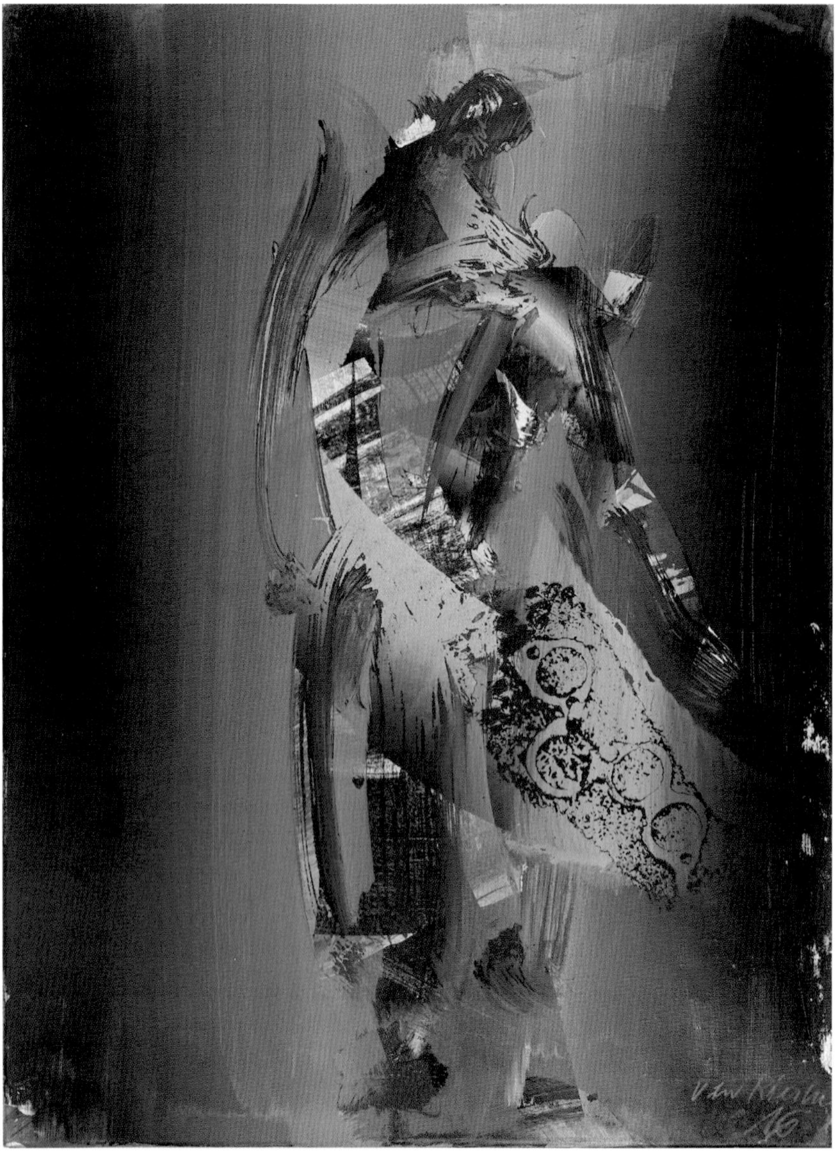

(A pellt das Beinkleid ab. Er beschreibt mit dem Hemd Kreisbewegungen in der Luft, wirft es ihr dann zum Auffangen zu. Sie riecht am Textil.)

ICH I, wie ins Leere fragend:      Hast du denn überhaupt nichts begriffen

(Sie wird von seiner Blöße angezogen. Sie streckt die Hand nach ihm aus. Weil er zu weit von ihr entfernt ist, tut sie einen Schritt vor. Sie langt ihm ungeniert in den Slip. A ist überrascht und verblüfft. Er hält still. Eine Zeitlang geschieht nichts, außer: Übermüdung tritt ein. Sie zieht ein nüchternes Gesicht. Nimmt die Hand aus seinem Slip. Er säubert sein Beinkleid von Ziegelsplittern (etwas anderes hatte er nicht vor!). Sie steigt auf die in Stufen angelegte Stiege. Die aber reicht nicht aus, um wieder auf die Plattform zu gelangen.
A kleidet sich an, will sie emporhieven. Sie weist ab, schafft es von alleine. A blickt ihr nach.
Sie kriecht über den Ziegelstapel, die Lampe vor sich herschiebend, und verschwindet im Seitengang.

Die zur Verfügung stehende Spielfläche ist durch eine imaginäre Wand in zwei Hälften geteilt.
In der einen Hälfte befindet sich eine breite Sitzgelegenheit, die andere ist leer.

ICH I, in eng anliegendem Kleid, das den Bauch betont, und ICH II, beide auf der Sitzgelegenheit.

Als A, der vorübergehen will, von ICH I wahrgenommen wird:

ICH I:      Du riechst nach Frau!

(A, der fort will, kann nicht.)      Nach Geliebter

     Noch-Zufallsbekanntschaft

     wie rein aus

|  |  |
|---|---|
|  | aus der Berührung mit einer |

(A gibt seinem Drang fortzuwollen nach.)

|  |  |
|---|---|
| A: | Stink ich |
|  | dann nach dir! |
| ICH I, abwehrend: | Das bin ich nicht! |

*(Kurzes Intervall)*

|  |  |
|---|---|
|  | Ich jedenfalls bin es nicht! |
| A, der überlegt hat: | Noch hast du mir solche Fragen nicht zu stellen |
| ICH I: | Noch |
|  | habe ich dir solche Fragen nicht zu stellen |
|  | Was du befürchtest wäre eine Niedertracht |
|  | Tyrannei wäre das was du befürchtest |

(ICH I wendet ihren Körper der gegenüberliegenden Bühnenhälfte zu.)
Das Nachfolgende verläuft simultan:


I.

Auf der einen Bühnenhälfte erscheint das Embryo. Es ist in Mullbinden gewickelt, bewegt sich neurotisch, wenn es nicht gerade über die abgegrenzte Hälfte kriecht, beziehungsweise rollt.

Ungeachtet davon, ob ICH I spricht oder nicht, wird vom Embryo „Verstoß dich wie du mich verstoßen hast" gefordert, mal leiser, mal lauter.

ICH I, mit elektronisch
entfremdeter Stimme:　　　　　Jahrelang

                                                jahrzehntelang

                                                          wo ich es versucht habe

                                                          wo du nicht wissen kannst

                                                          was eines jeden Menschen

                                                          eines jeden denkenden Geschöpfs
                                                          Berechtigung ausmacht

                                              Hingebungsvolle Selbstkasteiung

                                              aufgeopferte

                                              unwiederbringliche Jugend

                                              der Preis

                                              sich selbst zu vergessen

                                              um zu erreichen

                                              worin der Sinn gelegen hat

Embryo:                                Verstoß dich

                                              Verstoß dich wie du mich verstoßen
                                              hast...

ICH I                                   Nie

                                              ich hätte es nie

                                              nie tun dürfen

                                                          es wäre dir gerechter geworden

                                              Mein Gehör verkam zu Ware

        wie Ware wurde es verbraucht

    während ich

        weil ich für heilig galt

            als heiliges Werkzeug

    während ich

        behaftet mit einem zur Seltenheit verkommenen Gut

    in meinem Menschsein verkümmerte

(laut:)    ich war mir meiner Körperlichkeit meines Seins nicht mehr bewusst!

(leiser.)    Ein übermäßiges Leiden

        den Stolz auf Größe

        ich habe ihn aufgegeben

    Ich habe die Leiden nicht ausgetauscht

    du

    deine Forderungen haben mir viele von ihnen erlassen!

Das Embryo verschwindet in einem Seitengang.


II.

A, klein und hilflos. Wie er ganz konzentriert dasteht und einmal, fast schon beiläufig von ICH II berührt wird, da bricht die angestaute Wut aus ihm hervor und führt zu einer handfesten Auseinandersetzung zwischen ihm und ICH II.

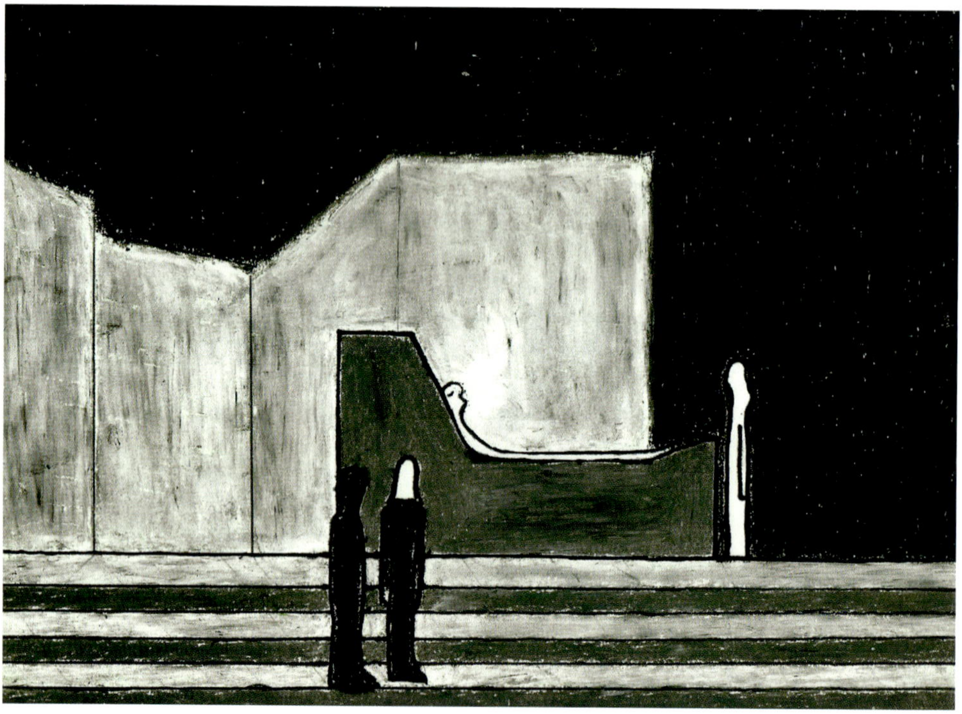

(I C H I kehrt ihren Körper wieder der Bühnenhälfte zu, der sie zu Beginn dieser Szene zugekehrt war.
I C H II steht ein Stück abgesondert.
A liegt am Boden.


I C H I, sichtlich benommen, erschöpft von der „Erinnerung", steht auf, schreit, atmet tief ein und schreit noch einmal, laut, anhaltend. Wie sie keine Luft mehr hat, atmet sie tief ein, so lange, bis ihr um den Bauch die Naht platzt.
Ihren vollen Bauch herzeigend:)

I C H I, zu A: Ändert das nichts?

Ändert das vielleicht nichts?

(A schaut sie an, sieht sie aber nicht.)

ICH I, den Bauch haltend: Bekennen wir uns zu Unmissverständ-
lichkeiten noch vor der Niederkunft

Den Fehler einmal begangen zu haben nämlich

bedeutet einmal zu viel



Auf der Bühne ein Schrank, das heißt: die Verkleidung eines Schranks, aus dem ein Kastenbett gezogen worden ist. Das Bett steht davor, A liegt darin und schläft mit dem Gesicht noch oben.


(Arbeitsgalerie, Prospektzüge et cetera, die ganze Hinterbühne steht offen.)
ICH II geht in der Tiefe der Bühne auf und ab.
ICH I, hochschwanger, in zerrissenem Kleid (den Bauch im Freien), wühlt im Bettlaken, hebt die Matratze und findet einen 21cm x 15cm großen Holzrahmen, in dem eine Fotografie eingeglast ist. In der linken Hand hält sie einen Fotoapparat.
(Das Bild, das sie findet, zeigt ein Amphitheater; auf einem Steinquader

sitzend: einen Mann in Anzug. Sein Kopf ist mit einem Messer ausgestochen worden; dahinter: I C H I, wie sie dem Mann die Hände um die Schultern geschlungen hält.)

Die Fotographie erscheint, als Projektion, groß auf der Rückwand.)

ICH I:　　　　　　　　　　Für mich

　　　　　　　　　　　　　mein Bewusstsein und jenes meines Kindes

　　　　　　　　　　　　　ist es von entscheidender Wichtigkeit

　　　　　　　　　　　　　wenn ich und es weiß

　　　　　　　　　　　　　es hat einen Vater

　　　　　　　　　　　　　wenn es heranwächst

　　　　　　　　　　　　　weiß

　　　　　　　　　　　　　wer zu ihm hält

(In der hinteren Schrankwand ist ein Nagel befestigt. Sie hängt das Bild daran auf.)

ICHI,
von A ein Foto schießend:　　Es heißt

　　　　　　　　　　　　　Für alles gibt es die richtige Stunde

　　　　　　　　　　　　　und eine Zeit für jegliche Sache unter dem Himmel

　　　　　　　　　　　　　Es gibt eine Zeit zum Kindertöten

　　　　　　　　　　　　　eine Zeit zum sie Gebären

　　　　　　　　　　　　　und eine
　　　　　　　　　　　　　in der das Leben geordnet werden muss

(Ein Foto schießend:)　　　Überlisten wir die Reue

                    wenn wir davon ausgehen

                    dass wir gehandelt haben
                    wie wir haben handeln müssen?

(Ein Foto schießend:)      Reue soll uns nicht kümmern

                    strenggenommen

                    eine Gefühlsregung der Art darf
                    gar nicht berühren

(ICH II im Hintergrund bleibt stehen, horcht, geht weiter.)

                    Es wird das allerliebste

                    bestbehütetste Baby sein

                    hineinflutschen wird es ins weltliche
                    Chaos und aufgenommen werden in
                    die göttliche Ungnade wie kein zweites

                    Es wird bekommen

                    alles

                    was ihm zusteht

                    und so und nicht anders lernt es uns
                    verachten vergessen

                            auf menschenwürdigere

                            auch wenn auf eine dennoch
                            grässliche Weise

Bild 3

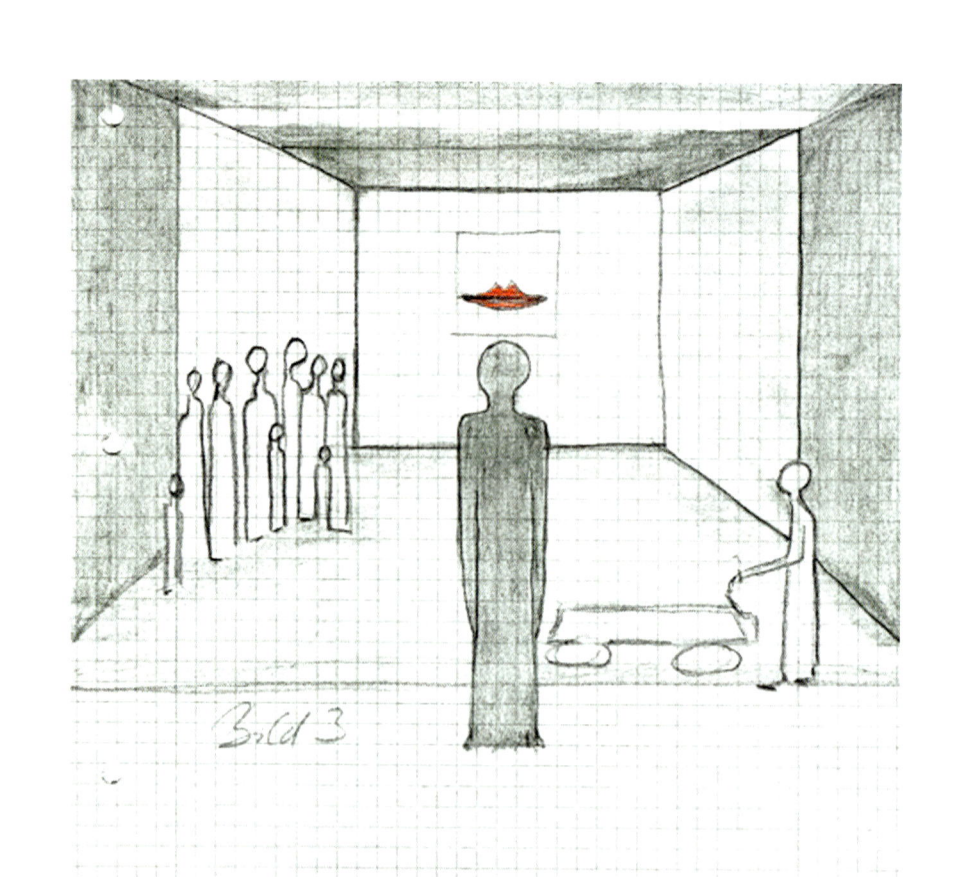

II Teil

Die Bühne ist die Ladefläche eines Leichenwagens.

Die Wände sind aus blankem, gestanzten Blech (links und rechts, auch in die Rückwand, sind Geheimtüren eingelassen.)
Durch das Fenster zur Fahrerkabine (das mit einer großen Glaswand links angedeutet wird, einer Glaswand, die erhöht in der halben Tiefe der Bühne steht) dringt ab und zu ein Schein, Blendlichter der entgegenkommenden Fahrzeuge. Die gesamte Spielfläche wird von länglichen, blauen, kontaktschwachen Leuchten bestrahlt. Über die Fläche verstreut schweben, an Stellen befestigt, Handgurte.

(Wenn die technischen Voraussetzungen gegeben sind, werden die Erschütterungen, die eine Fahrt verursacht, unter Zuhilfenahme derselben erzeugt; ich denke da an schiefes Heben und Senken der Bühne. Sollte das nicht möglich sein, so genügt ein pantomimisches Spiel.)

In der Mitte, auf Eisenschienen, eine Liege aus Metall und Leinen. Darauf liegt B, das Mädchen, zum Teil in weißes Linnen eingeschlagen, zum Teil entblößt. Es sieht geschunden aus, hat ein totes, verkrampftes Gesicht. - Zwei Angestellte des Beerdigungsunternehmens stehen über den Leichnam gebeugt, beide sauber, dunkel gekleidet; der eine mit einer Kassette in der Hand, der andere mit einem schalähnlichen Tuch. - Auf der Fläche verteilt, hauptsächlich in der Nähe der Handgurte, stehen die „Stummen Ankläger", allesamt in Einheitskleidung. Ihre Gesichter sind auf den Leichnam gerichtet; stumm schaukeln sie Fahrstöße aus. Wenn die Fahrstöße zu heftig werden, greifen sie nach den Handgurten.

Die Angestellten des Beerdigungsunternehmens richten sich auf, treten je einen Schritt zurück. Sie betrachten den Leichnam, nähern sich ihm wieder und legen noch einmal Hand an.

Die Fahrt währt nicht lange, wird jäh unterbrochen.

Die „Stummen Ankläger", die Angestellten des Beerdigungsunternehmens, aus dem Gleichgewicht gerissen, ordnen sich wieder.

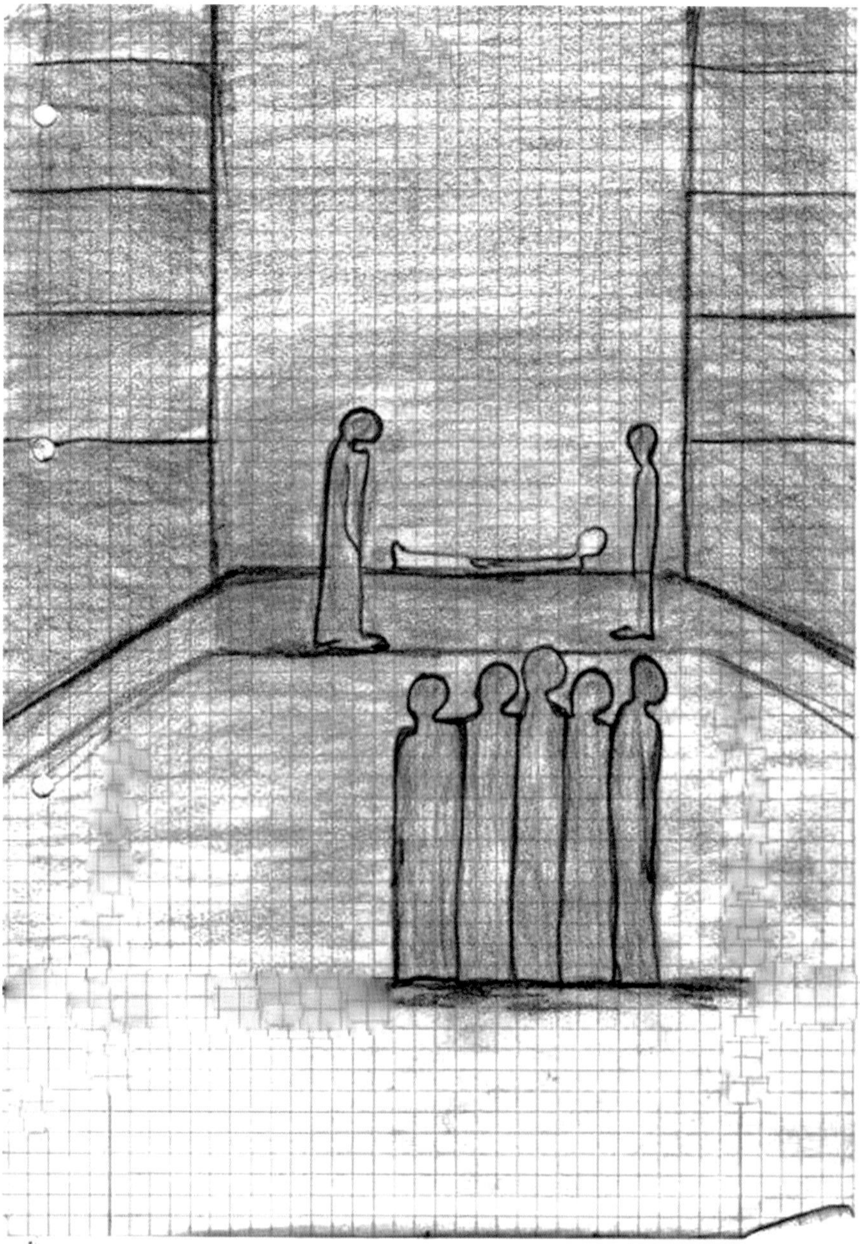

Über Tonband: das Öffnen metallener Türen.

Kurz darauf, ICH I (nicht mehr schwanger), ICH II, die den Leichenwagen betreten.

ICH II mischt sich unter die „Stummen Ankläger", bleibt aber ICH I frontal gegenüber.
ICHI bleibt dem Leichnam zu Füßen stehen.

Über Tonband; das Schließen metallener Türen.

Die Fahrt wird erneut aufgenommen.
Hin und wieder setzt das blaue Innenlicht aus. ICH I steht unter ständiger, bedrohlich wirkender Aufsicht.

Die Angestellten des Beerdigungsunternehmens treten von neuem ein Stück zurück. Sie winken den Wortführer der „Stummen Ankläger" zu sich heran.

Dieser nähert sich ihnen, wirft einen prüfenden Blick auf den Leichnam.

Wortführer: Frisieren sie sie

eine Knotenfrisur

frisieren sie ihr eine Knotenfrisur

Die Angestellten des Beerdigungsunternehmens:

Eine Knotenfrisur

(Einer entnimmt der Kassette eine Haarbürste. Er reicht sie seinem Kollegen, der jetzt anfängt, den Leichnam zu frisieren.)

Wortführer: Weg

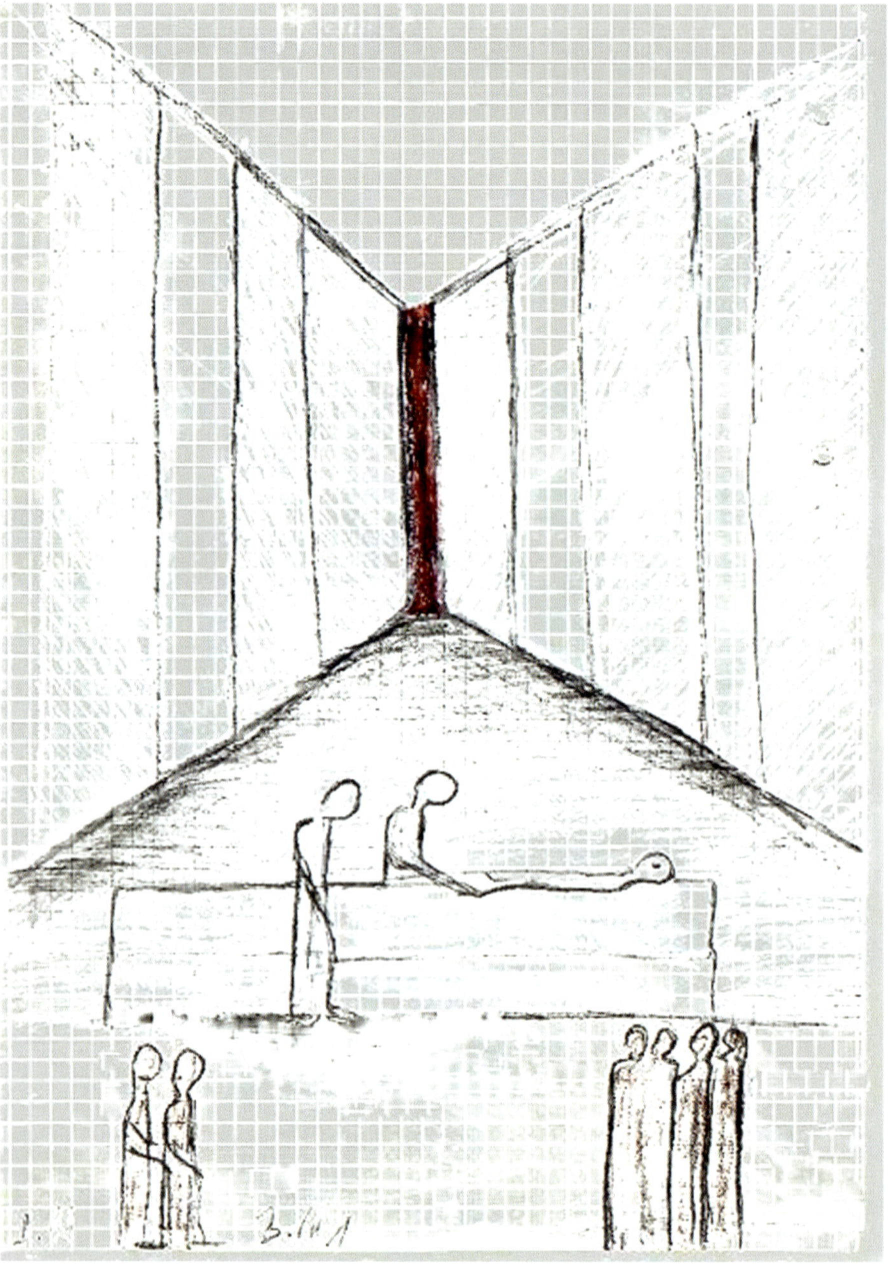

                alles weg

                der Eiter

                das geronnene Blut

                Sie muss von diesen Unreinheiten bereinigt werden

(Er deckt das weiße Linnen auf.)

                Und die Nägel gehören geschnitten

                rasiert

                      man muss sie rasieren

                      da

                      dort

                      überall wo sie es ist

(Er lässt das Linnen fallen.
Ist der eine mit dem Frisieren fertig, so manikürt er die Tote. Ist der andere mit dem Durchstechen des Ohrläppchens fertig, so pedikürt er die Tote. Der Wortführer beaufsichtigt sie.)


ICH I und ICH II; beide sprechen wie entrückt, traumartig über die Szene hinweg beide mit elektronisch entfremdeter Stimme:

ICH II, in starrer Haltung:        Kein Umgang

ICH I greift sofort ein,
übernimmt den Satz:            und sei er noch so abartig

                          macht sich verdächtig

                          rücksichtslos wie der mit Individuen

                          falschen Charakteren

                          Freunden

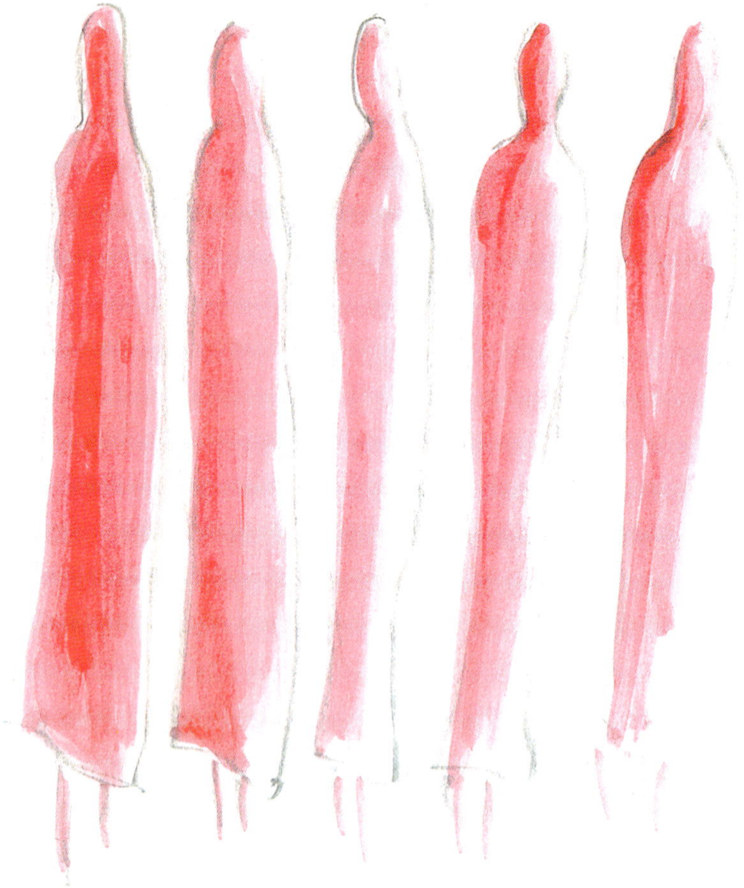

gesinnt

so weit ihr Einfluss reicht

das Leben auf ein Maß

auf eine Zumutung zu reduzieren

*(Kurzes Intervall)*

Ausnahmslos jeder ist Feind und abgefeimter als du denkst dass er ist!

ICH II:           Ihre Schwächen zu bemänteln

einem aus Takt die zu ersparen

sie von mir aus in Abrede zu stellen

ICH I:            für Zugeständnisse dieser Art und Größe entbehrt ihrer einer gemeinhin jeder Empfindlichkeit!

(Die „Stummen Ankläger" (ausgenommen die Puppen, die an den Seitenwänden Aufstellung finden, und dem Wortführer), jeder Einzelne befördert aus der Hosen- beziehungsweise Westentasche ein weißes Taschentuch, fährt sich damit über den Mund, über den Nacken, über die Stirn, aber so, dass immer einer den anderen ablöst, einer Art Kettenreaktion gleich. Dieses Ritual, das sich in beklemmender Weise wiederholt, wird von leisem, oftmals heftig anschwellendem Geraune begleitet. -
(ICH I und ICH II, beide im Zentrum dieses Geschehens, bilden, zusammen mit den Puppen, einen starren Kontrast.)

ICH II:           Wie

ICH I, die ICH II
unterdrückt:        blankgescheuerte Abzeichen verstehen sie sich darauf

die Vermessenheit spazierenzutragen

einem das

was

auf der Gradwanderung mit Anfang beim Eisprung bis hin zum allzeit gesegneten letzten Lebtag

und

aus lauter Menschsein breitausgelebter Dummheit

zustößt

was uns vererbt

was Verirr- und Verwirrungen ausmacht und

ICH II: was in zweisamer Einsamkeit

im Eifer

  und unter dem Vorwand einer Zerstreuung

  einer physisch wie psychischen Erleichterung

selbstüberheblich

selbstbeweihräucherisch

in blinder Selbstüberschätzung

ICH I:   sie reden zerreden sie

  überlassen die Tat ihrem Vorsatz

  belassen sie dem Geiste

|  |  |
|---|---|
|  | einer launenhaften Willkür |
| ICH II | darüber |
| ICH I, die ihm ins Wort fällt: | was ihnen am meisten Befriedigung zu verschaffen verspricht |
|  | lohnt es sich die vielfältigsten Gedanken zu machen |

*(Kurzes Intervall)*

|  |  |
|---|---|
| ICH II | Es sei denn |
|  | das Verdrängen |
|  | das Vergessenheit und die Vergesslichkeit |
|  | formt einander und verbindet |
| ICH I: | und man ist Blut |
|  | Blut vom gleichen Blut |
| ICH II: | man ist gewachsen |
|  | Kind derselben Wurzel |
|  | Ergänzung einer Ergänzung |
|  | du |
|  | und ich |
|  | ja |

       und nein

       Gleichung

       eine Annäherung

         entwickelt

         aus sich selbst heraus

         gewöhnlich wie die Geburt eines Gedankens

(Der Wortführer bricht die traumähnliche Stimmung auf, indem er mit hartem, in ihren letzten Satz hineingesprochenem, Tonfall sagt:)

Wortführer:               Und das da

                         schminken Sie ihr geschlossene Augen auf

                            diese Wunden

                            diese Öffnungen

                            schminken Sie sie ihr zu

(Die Angestellten des Beerdigungsunternehmens entnehmen der Kassette Schminkzeug. Sie schminken der Toten das Gesicht.)

ICH I, wie traumartig über der Szene und mit Blick auf ICH II:

ICH I, mit elektronisch
entfremdeter Stimme:       Stillschweigendes Einverständnis

                            in der Geschichte der Zeit angereift

                            begonnen

                            mit dem Erkennen

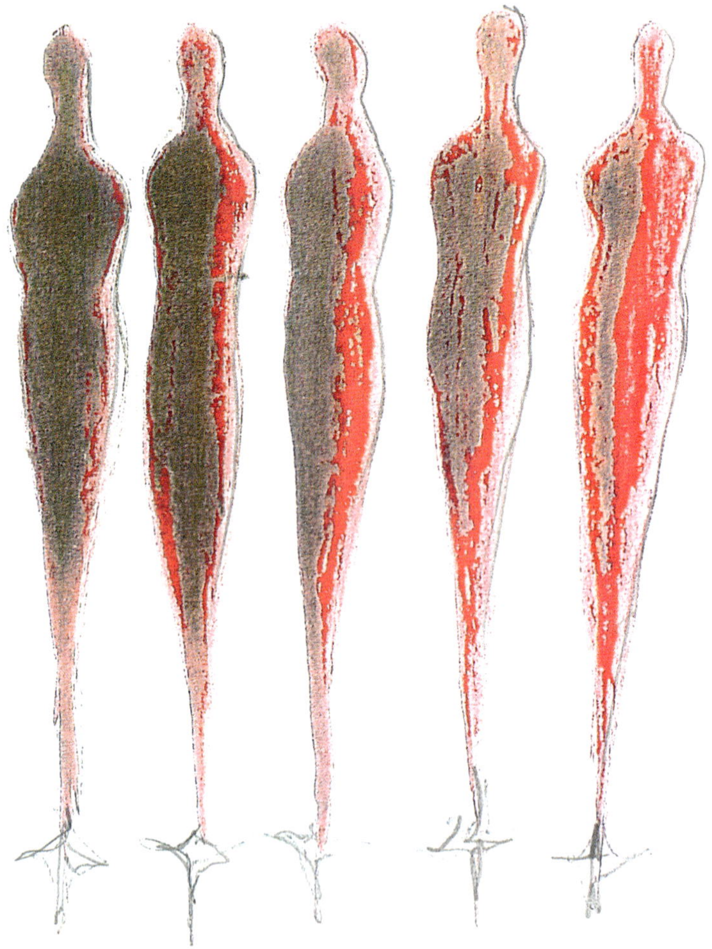

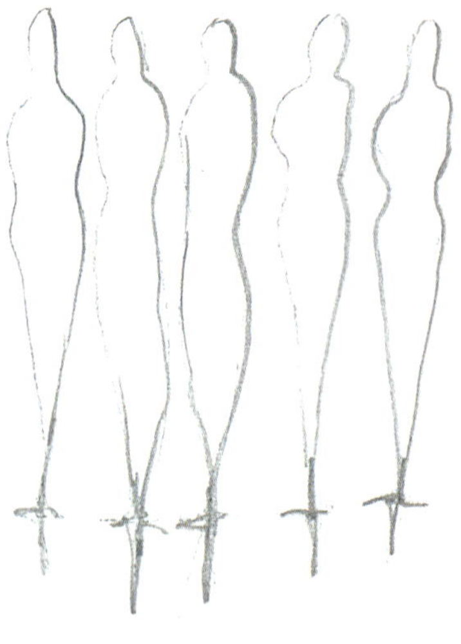

>            besiegelt
>
>            im Vertrauen
>
>                  verzeihendes Miteinander
>                  Füreinander
>
>            Wege ohne Ausflucht

(Der Wortführer sprengt die traumähnliche Stimmung.)

Wortführer:             Eine Feierlichkeit

                        einen Frieden

                        schminken Sie ihr die Glückseeligkeit auf

                        Erhellen Sie ihr die Stirn

Die Angestellten des Beerdigungsunternehmens:

                        Wir erhellen ihr die Stirn

Wortführer:             Und zeichnen Sie ihr einen Mund

Die Angestellten des Beerdigungsunternehmens:

                        Wir zeichnen ihr einen Mund

Wortführer:             Einen ansehnlichen Mund

                              ich will ein Lächeln sehen

                              ein Lächeln

(Er beugt sich über den Leichnam)

     Zeigen Sie her

     zeigen Sie her

(Er schnellt zurück.)

     Decken Sie ihr den Hals zu

       schminken Sie ihn ihr weg

     Wegschminken sollen Sie ihn ihr!
     Geben Sie Puder drauf

     Puder

     Puder draufgeben!

     Und hier

     schminken Sie sie ihr weg

     schminken Sie ihr die Haut weg

       ich

       niemand kann die sehen

       keiner kann die mehr sehen

       diese entzündete

       geschundene geschlagene Haut

     schminken Sie sie ihr weg

     und kleiden Sie sie an

(Er zerrt ein schlichtes Kleid unterm Linnen hervor, gibt es den Angestellten des Beerdigungsunternehmens.)

Der Gärungs-

der Verwesungsprozess hat eingesetzt

sehen Sie

die Totenstarre hat nachgelassen

blau

überall schlägt es blau durch

die Eingeweide

die Organe
        wie blau sie durchschlagen

die Arterien

        wie durchsichtig

ein ganzes Netz

ganze Blasen

      weg!

      alles weg!

      wegschminken!

Schminken Sie ihr alles weg!

Kleiden Sie sie an!

(In das Wort „Kleiden" hinein bremst der Wagen ab.
Ein Ruck. Einzelne verlieren den Halt, stürzen. In den Sturz hinein setzt
das Licht aus.)

*(Kurzes Intervall)*

(Das blaue Innenlicht geht an.
Der Wagen ist in Fahrt. ICH I, nunmehr zur Linken des Leichnams. Ihr zu Füßen liegt ein „Stummer Ankläger". Er hält ihr die Fußknöchel, gibt ihr einen festen Stand.

Schweigen.

Fahrstöße werden ausgeschaukelt.

ICH I, von Jedermann unter ständiger Beobachtung gehalten!
Der Leichnam wurde, währenddessen das Licht aus war, fast bis zur Gänze angekleidet. Noch aber wird ihm da und dort ein bisschen etwas weggeschminkt.)

Wortführer, mit dem
Ergebnis der Leiche
zufrieden:                     Es wird uns vorgelegt

                                  ein Weltbild

                                  nach ihrer Vorstellung

                                  man sagt

                                  Verhaltensgestörtheit

                                  flüstert

                                  geistige Umnachtung

                                  nichts genaues weiß man

                                  beharren auf unstabiler psychischer Belastbarkeit

                                  reden vom Phänomen der Schwermütigkeit

                                  der Melancholie

                                  Depressionen

>denken wir an ihre ungeheure
>Beherrschtheit!
>
>von der Wahl ihres letzten Hilfeschreis
>an die Menschheit
>
>von der Anklage
>
>wie und mit ausgerechnet was für einem
>Mittel sie nach Aufmerksamkeit schreit
>
>sagt man
>ist kein Zufall
>
>sondern Perversität
>
>eine ausgemachte Menschenverachtung

(Er betrachtet den Leichnam.)

>Was für eine Abscheu sie empfunden
>haben muss
>
>Sie muss gedemütigt
>
>>man wird sie verkannt haben
>
>Die Ärzte
>
>sie halten sie für unwahrscheinlich
>
>>die Kraft
>
>>die alleinige Durchführung
>
>>sie rätseln um die Motivation

(Der Leichnam ist zu Ende geschminkt. Er sieht aus, als ob er lebte.
Die Angestellten des Beerdigungsunternehmens schließen ihm die letzten
Knöpfe am Rücken.
Währenddessen tun sich ein paar „Stumme Ankläger" zusammen, sie
warten auf ein Zeichen vom Wortführer und machen sich dann über

den „Stummen Ankläger" her, der ICH I zu Füßen liegt, um ihr die Fußknöchel zu halten. Sie entkleiden ihn (was er mit sich geschehen lässt; er ist nur darauf bedacht, ihre Fußknöchel nicht loszulassen), lassen ihm nur die Unterwäsche an; anschließend hüllen sie ihn in ein dunkles Gewand (Hose und Weste); eine angegraute Frau reißt aus ihrem Rock einen Streifen violettes Seidenfutter; sie bindet ihm den um den Hals; der Streifen wirkt wie eine Stola.
Wie nun alle diese vorgeschriebenen Handgriffe erledigt sind, da treten die „Stummen Ankläger" ein Stück zurück; sie bleiben in Bewegung, die gesamte Szene kommt in Bewegung, sie fließt über in die

ERINNERUNGEN

Gleiches Bühnenbild, allerdings mit ausgetauschten Akzenten. Umgebaut wird gemeinsam, in reibungslosem Ablauf.

(1. - Anweisung an die Bühnenarbeiter: die Handgurte werden in den Schnürboden emporgezogen.)

2. - Die Liege, eine Spezialvorrichtung, die über Schienen nach rechts geschoben wird, wird um einige Zentimeter höher, breiter und in die Länge gekurbelt, so dass der Leichnam, der darauf liegt, im hohlen Innenraum versinkt, der Metallrahmen ihn überragt.
Die Vorrichtung muss in Sekundenschnelle zu einem großen langen Tisch umfunktioniert werden können. (Am besten man bedeckt ihn dann mit dem selben Tuch, mit dem der Leichnam zugedeckt worden ist.)

3. - ICH I und ICH II kurz ab.

4. - Die Angestellten des Beerdigungsunternehmens ab.

5. - Zwei „Stumme Ankläger" ab.

6. - Der Geistliche, der sich in der Zwischenzeit aufgerichtet hat, steht etwas abseits, in ein liturgisches Buch vertieft.

7. - Die restlichen „Stummen Ankläger" (außer den Puppen) nehmen vor dem Tisch Aufstellung.

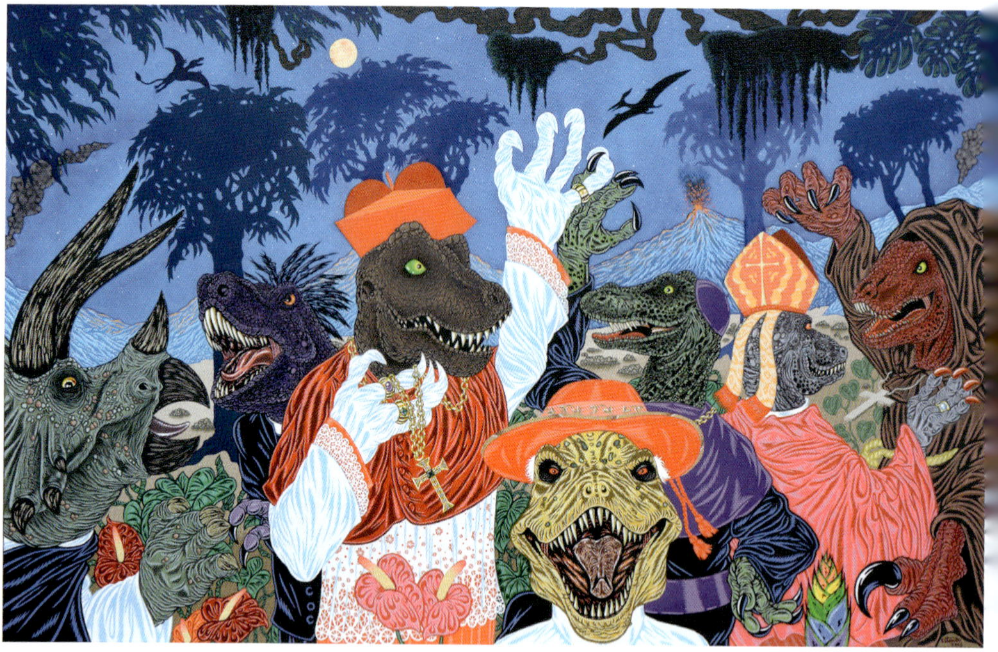

ERINNERUNG I

B wird am Arbeitsplatz aufgesucht.

ICH I (hochschwanger), ICH II und A, die von der Seite kommen. Nacheinander schreiten sie die Wände entlang. -- ICH I schubst eine Geheimtür auf. Sie führt in eine quadratische Kabine, in der ein zwanzigjähriges Mädchen sitzt, auf dem Schoß eine nackte Auslagepuppe. Es schaut nicht auf, sondern geht seiner Arbeit nach; mit großer Schere schneidet es Abfälle von der aus zwei Hälften zusammen geschweißten Puppe.

ICH I schließt die Tür.

ICH II, der hinter eine andere Tür schaut. Es bietet sich ihm das selbe Bild: eine quadratische Kabine, darin ein zwanzigjähriges Mädchen, damit beschäftigt, Abfälle von der aus zwei Hälften zusammengeschweißten Auslagepuppe zu schneiden.

ICH II schließt die Tür.

A ergeht es ebenso.
Er schließt die Tür.

Dieser Vorhang, der im Übrigen in rascher Folge durchgeführt wird, wiederholt sich noch zweimal.

Im Anschluss daran

öffnet A eine Tür in der Rückwand.
Es bietet sich ihm das selbe Bild wie zuvor, diesmal allerdings tritt ihm ein Erkennen ins Antlitz.

Die Umstehenden registrieren das.

Der Geistliche blättert im Buch, sucht nach einem passenden Kapitel, ICH I und ICH II nähern sich langsam der Tür.

Vorn, von der Seite, tauchen nach und nach vier festlich gekleidete Herrschaften auf, zwei Herren und zwei Damen. Ihr Gespräch bleibt so lange deutlich, wie sie im Gehen begriffen sind.

| | |
|---|---|
| 1. Herr: | Jedes Tier |
| | jeder Mensch lässt sich gewöhnen |
| 1. Dame: | Alles ist eine Frage der Gewöhnung |
| 2. Herr: | Das sagt ein jeder |
| 1. Dame: | Eine Frage der Einsicht |
| 2. Dame: | Man horcht oft viel zu spät auf sich |
| 2. Herr: | Diese Verstocktheit |
| 2. Dame: | Man hängt so unsinnigen Dingen nach |
| 2. Herr: | Diese Leichtgläubigkeit |

(Das weitere Gespräch wird nicht mehr vernommen.)

| | |
|---|---|
| B, mit starrem Blick auf A: | Bestimmt habt ihr die Geschichte zu Ende gedacht |
| | mich zu unterrichten |
| | zu fragen |
| |    ihr habt es nicht für erforderlich befunden |

(B gibt die Puppe beiseite, legt die Arbeitsschürze ab. Sie mustert ICH abwechselnd mit A.)

                    Ich habe Neugier

| | |
|---|---|
| 1. Dame: | Das Wundervolle |
| 2. Dame: | Und vereinfacht doch alles |
| 1. Dame: | Das sage ich macht in kürzester Zeit schon süchtig |
| 2. Herr: | Gewöhnung |
| | wo Bequemlichkeit daraus wird |
| 2. Dame: | Im Grunde aber nichts anderes ist als der uralte Trieb |
| | eine Sehnsucht |
| | und genaugenommen angeborenes Verlangen |
| 1. Dame: | Ich möchte sagen |
| | aus der Unfähigkeit heraus sich auf Dauer selbst zu unterhalten |
| 1. Herr | Man sollte meinen ein Instinkt |
| 1. Dame | Eigenes menschliches Elend wird eingeschränkt |
| 2. Dame | Die Verluste |
| | deren man sich nicht wehren kann |
| | bis zu einem gewissen Teil werden sie aufgewogen |

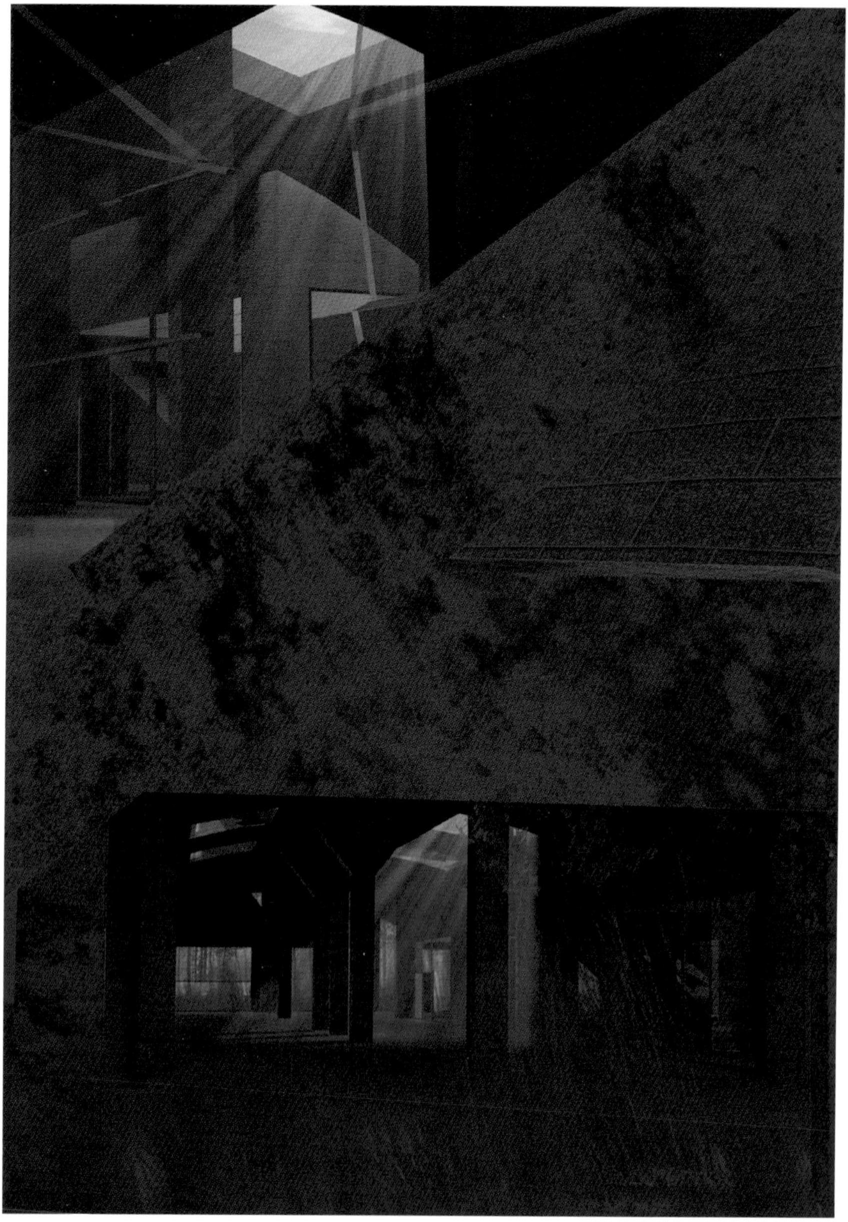

2. Herr:	Das ist doch ein Versprechen

1. Dame:	Ein Trost

2. Herr:	Das macht mich aber zuversichtlich

2. Dame lacht

1. Dame lacht.

1. Herr lacht.

2. Herr lacht.

(Im selben Augenblick ist die Trauung im Hintergrund zu Ende , ICH I, ICH II und der Geistliche fallen in das Lachen mit ein. Ihr Lachen klingt erleichtert.
Die „Stummen Ankläger", nach einigen Sekunden ebenfalls lachend, verschwinden durch die Geheimtüren, zusammen mit den vier Herrschaften.)


Übergang zu


ERINNERUNG II

(Eine schlichte Eisenkonstruktion, ein Reck, wird über der linken Bühnenhälfte vom Schnürboden herabgelassen und bleibt in zweieinhalb Meter Höhe stehen. Daran befestigt sind die zu einem Knäuel zusammengebundenen Handgurte.

Die blanken Metallwände werden stark von der „Sonne" beschienen.
Sie blenden.

ICH I, ICH II, der Geistliche, A und B, sie alle bewegen sich allmählich in Richtung Tisch.)

ICH I: Immerzu guten Willen zeigen

ihr müsst die Zeichen deuten

nicht über das hinwegschauen
was euch unterkommt

(Durch eine Geheimtür kommen zwei Bedienstete mit einer langen Sitzbank, die sie hinter den Tisch stellen.
Beide ab.)

Die Hochzeitsgesellschaft nimmt Platz.

ICH I wird von B gemustert.

ICH I, ins Leere herunterleiernd: Gib du acht und vertrödle dein bisschen

Zeit nicht mit Scheuklappen eines Tages

nämlich wird dich die Tiefe der Stille

vorziehen und mit präzise derselben

Unmittelbarkeit mit der du so überwältigt

werden wirst wirst du nach dem Ursprung

sozusagen nach dem Auslöser suchen

und nicht wissen wie und mit was für

kindlicher Einfalt du den Weg dorthin

angetreten und wie anstandslos artig

und zahm du die unzähligen Marksteine

passiert die Abzweigungen zur Linken

                und Rechten nicht einmal im geringsten

                zur Kenntnis genommen und du die

                folglich ungenutzt hinter dir liegengelassen

                hast

                      ich gehe sogar soweit zu behaupten

                dass du die auf dich zukommende Rolle

                nicht abwehrst noch es auch nur kannst

                dass du sie Stück für Stück absorbierst

                dass du an Leib und Seele gebrochen

                in sie hineinfinden wirst...

(Die zwei Bediensteten tragen Speisen und Getränke auf. Sie schenken Wein ein.

ICH I greift sich ein Glas, erhebt sich und spricht einen Toast aus.)

ICH I:                Es ist nicht

                dass ich es blindlings mit einem gewissen Mönch halte

                nämlich mit dem

                der auf die Nichtigkeit der körperlichen Schönheit hingewiesen hat

                der gesagt haben soll

                      diesbezüglich aber pflichte ich ihm ausnahmsweise bei

                dass die Schönheit des Körpers allein aus der Haut besteht

Angenommen

    und jetzt dem seine Theorie

der Mensch

    womit ausschließlich der Mann gemeint ist

verfügte über die Fähigkeit tiefer zu blicken

angenommen es gelänge ihm die Haut zu überwinden

wenn er so

    wie man von dem Luchs in Böotion sagt

das Innwendige sehen könnte

    würde er sich vor dem Anblick der Frau ekeln

(Sie lächelt, zupft das um den Bauch gespannte Kleid zurecht.)

    Was also ist das?

    Es ist ein schwerer Fall von Selbstverleugnung

    Wenn der nicht davor zurückschreckt und glauben machen will

    die Anmut der Frau bestehe aus Sehnen und Blut

    aus Stofflichem wie Galle und Schleim

        ich meine

so ist das der schlagkräftige Beweis
dafür

dass der dem Fleisch nicht entsagt

 im Gegenteil

d e r  dem Fleisch in besonderem
Maße zugetan war

Oder sehe ich das falsch?

Wenn da einer die Meinung vertritt

in einer Frau fände man nichts als Unrat

und wo der sich nicht scheut und an-
geblich gefragt haben soll

ob

 wenn man häufig schon nicht mal
 mit den Fingerspitzen Gerinnsel
 oder Dreck anrühren mag

ob man denn dann dazu bereit sei

den Dreckbeutel selbst zu umarmen

(Sie lächelt.)

Trotz alledem aber

 und vielleicht gerade wegen dieser
 Beschränktheit

dass der mich auf etwas gebracht hat

Da ist

 sieht man vom Rest einmal ab

die ernüchternde Feststellung des
Körpers Schönheit besteht aus der Haut

(Lächeln verschwindet.)

    Die kläglichen Versuche

        dem zu widersprechen

    was sind die anders als eine Phantasmagorie

    ein Aufschrei

    Trostpflaster

    Stützen

    Als Waagschale dienend um sich und die Vergehen wider sich selbst

    die Irrtümer die die Kreatur Mensch mit sich mitschleppt wie Schnecken ihr Gehäuse

        zu legitimieren

(Sie nimmt einen Schluck.)

    So gesehen

        und wenn man

            wie ich

    einen Schritt weiter wagt

    vorwärtsschreitet und der vom gesprochenen Wort in Mitleidenschaft gezogenen Natur ihre Grenze zeigt

    sagt und dafür einsteht dass die Jugend

        im Sinn den man der beimisst und was allgemein darunter verstanden wird

    weder das Monopol für Wachstum und Neubeginn

weder den üppigen Schoß

    in dem die Keime treiben

innehat

wir uns das oft genug sagen und uns das so lange einreden

bis wir die uns eigene Materie individuell erprobt

zu erschwerten Bedingungen ihrer Belastbarkeit ausgesetzt haben und zu verstehen lernen Ermattungserscheinungen Begleiterscheinungen dieses Vorgangs zu heißen

einen Umstand

der nicht verantwortungslos diskriminiert werden darf

und im übrigen

was für sich spricht

von vorübergehender Dauer ist

Vergleichbar hinetwa mit der Rekonvaleszenz eines Verunglückten

Der Pein

    welche dem widerfahren

wo Rückgrat zu bewahren

die Kunst

psychische Unversehrtheit anstatt irgendeines Narkotikums anzuwenden und Vergangenheit und Zukunft unter Anschluss der Gegenwart miteinander zu verschmelzen

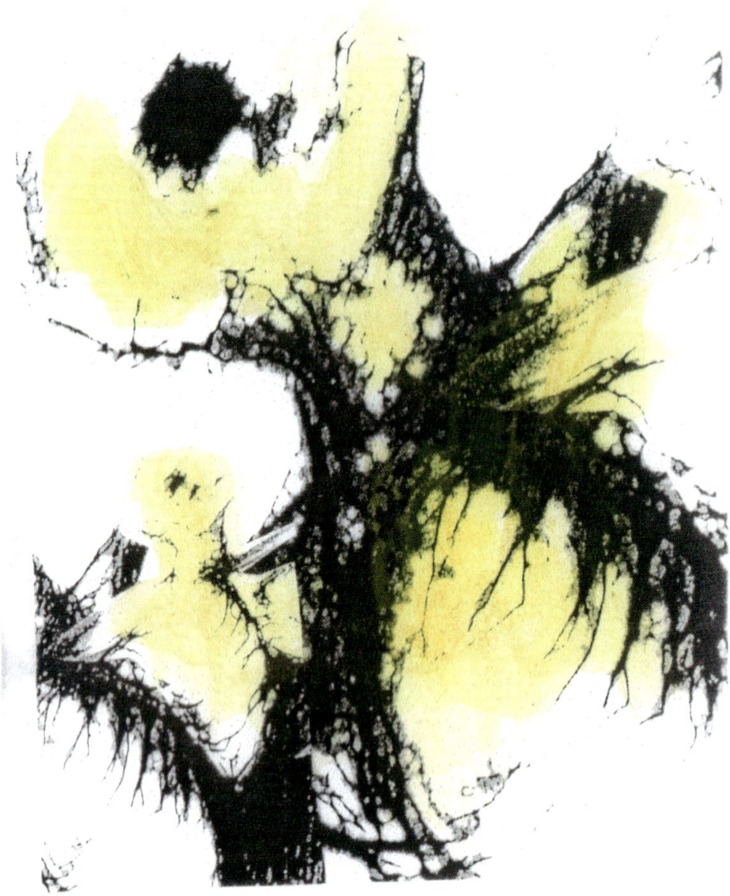

    um auf die Weise Linderung zu
    erhalten

Bestandteil jenes uns übergeordneten
Plans ist dem nachzukommen wir
instinktiv

    und sei es aus tiefer niedriger
    Triebhaftigkeit

    einem eitlen Festhalten an der
    Verheißung

das uns erträgliche Maß an Pflichterfüllung widmen

immer aufs Neue

so dass ich mich frage

warum ausgerechnet diesem Prozess
das Privileg eines Mechanismus' zuerkannt

den Folgen einer Anstrengung

Gesamtsumme der Erfahrungen einer
zeitweilig körperlich wie geistigen
Erschöpfung

die Bereitschaft

    Brücken herzustellen

vorenthalten wird

(Sie ist fast außer Atem.
Sie nimmt einen Schluck und lächelt.)

    Wenn wir gemeinsam dagegen angehen
    und die Suche nach den Wurzeln
    aufnehmen

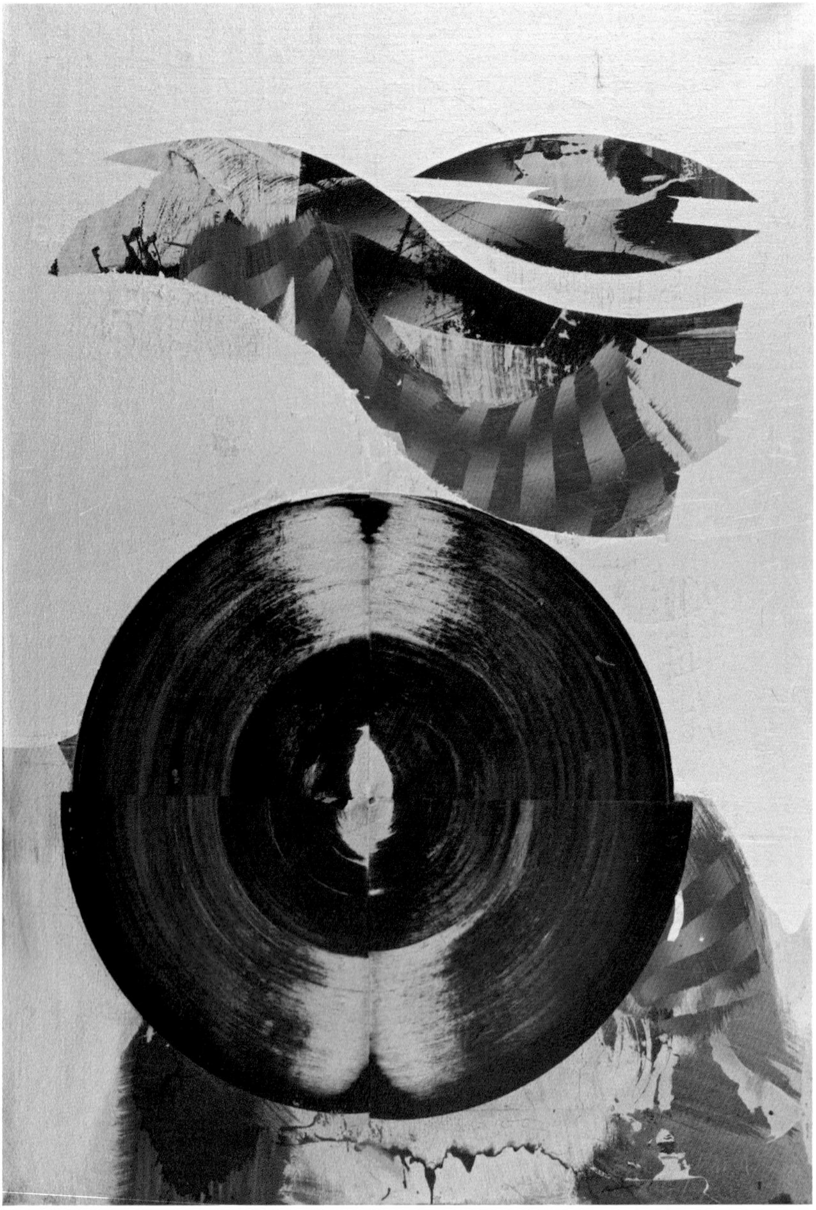

vergessen was war und dem was sein
wird die Freiheit geben

werden Stimmen wach

neue und kraftspendende Impulse

und vieles wird an Bedeutung verlieren

und so manch ein voreiliger Entschluss
wird wirken als hätten wir ihn nicht
getroffen

wird keinen der Wege versperren

dem der humane Geist sich genähert...

(Sie hebt das Glas.)

Und so

wenn ich mich auf meine innere
Schönheit berufe

auf die makellose Struktur

ich mich auf gesunde wie funktions-
tüchtige Organe berufe

und wenn du und du

wenn ihr alle es erkennt und unterstützt
dass mir das zusteht

dann wird ein jeder Zweifel über meine
Erscheinung überflüssig werden

In diesem Sinne erheben wir die Gläser

wissend

dass das Leben einen Kreis bildet

und so wie der Kreis keinen Anfang
und kein Ende kennt

so zwingen wir dem Leben

unserem Körper einen Willen auf

gleich mir

einen Willen der uns verbindet

(ICH I und ICH II trinken. Der Geistliche trinkt mit. A zögert, trinkt schließlich auch. B starrt auf das Glas, rührt es aber nicht an.

Die Bediensteten schenken nach, während ICH I und ICH II sich von der Tafel erheben. Sie sondern sich ab, indem sie die linke Bühnenhälfte betreten.)

ICH I: Gute Miene zum bösen Spiel

lange halte ich das nicht mehr durch!

ICH II: Ich habe mich bis in die kleinste Einzelheit an die Abmachung gehalten

ich wünschte

es wäre anders gekommen

aber so unbedeutend und unerfahren sie auch ist

mehr Vorsicht unsererseits und wir hätten gleichviel gewonnen als jetzt verloren

ICH I: Diese Eigenmächtigkeit!

Wenn sie wenigstens einen Tiefgang besäße

Man hätte ihre Schlechtigkeit an die Oberfläche holen müssen

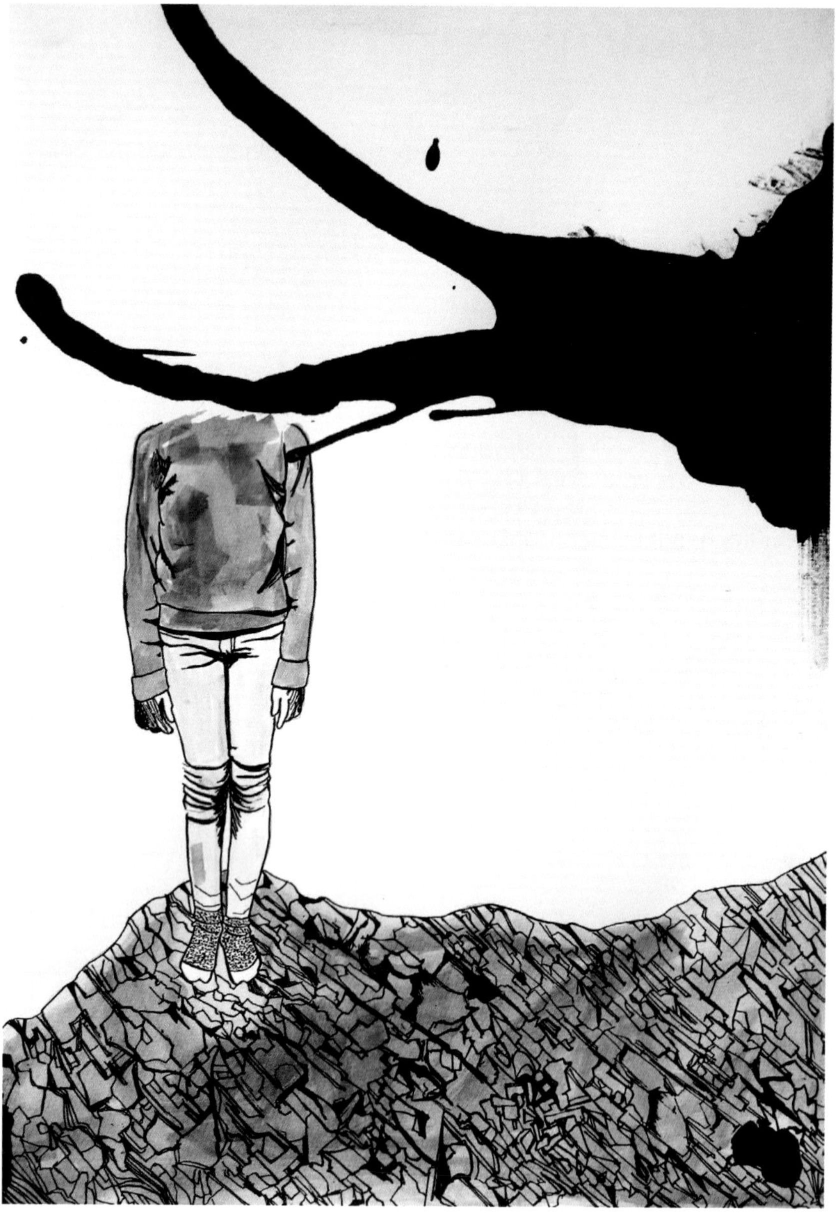

Ich habe sie erschrecken wollen

drohen wollte ich ihr

sie ängstigen

Der Auftrag ist übergangen worden


(In der Zwischenzeit beobachtet der Geistliche das Brautpaar. A beobachtet B und umgekehrt.

B lächelt, erhebt sich, deutet dem Geistlichen und A an, sich ebenfalls zu erheben. Sodann greift sich B die Sitzbank und schleppt sie hinüber, genau unter das Reck. Das Mädchen besteigt die Sitzbank, lächelt. Der Blick ist auf die Bediensteten gerichtet, wandert dann zum Geistlichen und schließlich zu A, der sich nicht rührt.

Das Mädchen führt den Kopf in einen Handgurt, lächelt.

ICH I und ICH II lächeln.

A, der Geistliche und die Bediensteten bleiben bewegungslos.

Das Mädchen lacht.
Stößt die Bank unter den Füßen weg. Röchelt.


A ist stolz auf seine Frau.

Der Geistliche und die Bediensteten haften mit Ehrerbietung an der Röchelnden.

ICH II winkt einen der Bediensteten zu sich.

Der Bedienstete folgt dem Wink (es ist jener, der eine Tranchierschere in der Hand hält).

ICH II sowie der Bedienstete, die wie übrigens alle anderen außer ICH I in eine Art Trance sind, schreiten auf die Tafel zu. Der Bedienstete drückt dem Geistlichen die Tranchierschere in die Hand und führt ihn dorthin, wo, begleitet von immer leiser werdendem Röcheln, der Körper des Mädchens in der Luft Drehungen macht.

A: in Bewunderung für seine Frau.

ICH II deutet dem Bediensteten an, sich auf seinen Platz zu begeben. Er tut es.

ICH II stellt sich hinter den Geistlichen, nimmt seinen Arm mit der Schere im Griff, hebt diesen Arm, legt den Mund an sein Ohr und sagt:)

ICH II: Sie hat und ist dabei abzuleben was bei ihrem ersten Zusammentreffen mit ihr an übriggebliebener Zeit da war

Und nicht einer wird ihr den Vorwurf machen können

sie hätte sie nicht Schritt für Schritt daran erinnert

(Die Lider des Geistlichen schließen sich.)

Sehen wir wie die ihr bisschen Leben einfach wegwirft

keiner der denkt wird darauf verfallen und mit Verständnis kommen

(Der Geistliche öffnet die Lider. Sein Blick ist weich; er folgt den Linien des Körpers, der da hängt.

Röcheln.)

Geistlicher: Ich habe nach der Stimme gehandelt die die beiden zusammengeführt hat

das genügt

mehr ist darüber nicht zu sagen

ICH II: Schweigen

und keine Antwort wiegt es mehr auf

(Er ruckt mit mechanischer Bewegung den Arm des Geistlichen höher.)

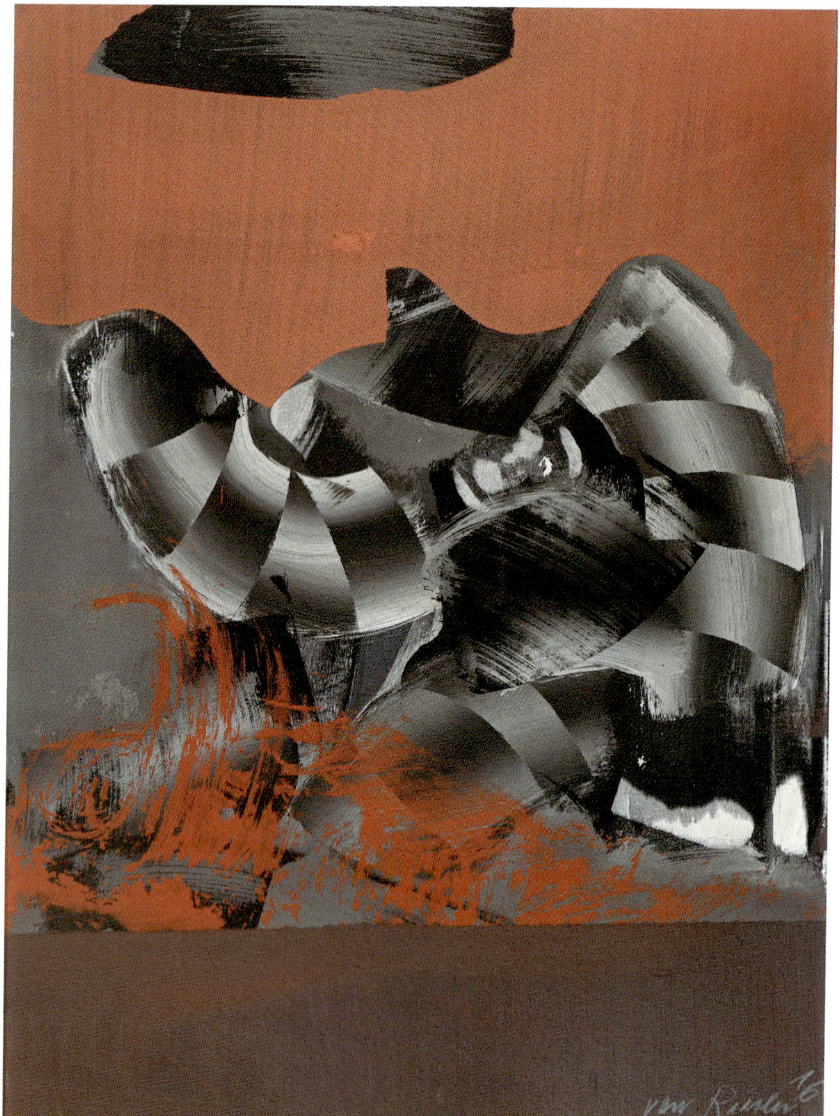

>Selbst wenn Sie sie retten könnten

>>man würde Sie das früher oder später spüren lassen

>>wenn nicht durch mich

>>so durch die

>>die sie zu schützen glaubten

>>Es gibt keine Dankbarkeit!

(Der Arm fährt nieder. Die Schere dringt tief in das Fleisch der Erhängten ein. Ein seltsam aufgestoßener, menschlicher Laut wird vernommen.)

>>Sie brauchen sich nur vorzustellen

>>stellen Sie sich vor

>>S i e wüssten aus untrüglichem Gespür heraus nichts mehr kommt auf Sie zu

>>Man ersparte Ihnen nicht einmal eine Wiederholung!

(Die Hand mit der Schere wird erneut angehoben. Hand und Schere sind voll mit Blut.
Es wird mehrmals auf das Mädchen eingestochen.
Ein gurgelnder Laut ertönt, ein Ächzen, das sich selbst verschluckt, dann: Stille.)

ICH II, dem Geistlichen den Rücken zugekehrt:

>>Das hätte ich mir denken können

>>Da steht man und darf sich nicht mal mehr was erhoffen

(wieder in Richtung des Geistlichen:)   Hat sie sich die Mühe gemacht uns die Stunde einmalig zu machen?

Nein!

Zu nichts hat sie sich herbeigelassen

(Er stellt die umgekippte Sitzbank auf, besteigt sie und schneidet mit der Tranchierschere, die er dem Geistlichen aus der Hand genommen hat, den Handgurt ab, in den das Mädchen den Kopf gesteckt hatte.

Das Mädchen sackt zu Boden.

Es wird von den zwei Bediensteten, die den Tisch freigemacht haben, auf die Tischplatte gehievt und in das Linnen eingeschlagen.

ICH II umkreist den Geistlichen.)

ICH II: Angenommen einer von uns hätte sie durchschaut

angenommen einer von uns hätte ihr Ende vorausgesehen

was

besieht man es richtig

keiner hat

gleichgültig davon

ob ich

das heißt

ob sie gewusst hat wie wenig

der von ihrer Zeit noch übrig geblieben ist

*(Kurzes Intervall)*

> Wann das Ende beendet und vor allem wie das Ende ausfallen wird
>
> diese Bestimmtheiten gehörten zu den Dingen die offen standen
>
> Unvorstellbar
>
> das Leiden
>
> wenn wir denken
>
> wie jener gelitten hätte
>
> der den Gedanken mit sich mittragen hätte müssen
>
> er ist es der ihrem Leben ein Ende bereitet

(Eindringlich zu dem Bediensteten, der ihm die Schere gebracht hatte:)

> Ist es nicht so?

*(Kurzes Intervall)*

> Ist es das was du lieber gesehen hättest?
>
> Dich leiden zu sehen!?

*(Kurzes Intervall)*

(Den Bediensteten fixierend:)

> Irgendwann einmal habe ich die Entdeckung gemacht

> was es heißt
>
> übergangen zu werden
>
> was es heißt
>
> überredet zu werden
>
>> und plötzlich begriff ich ein
>> eigentümliches System
>>
>> ein fortwährend wiederkehrendes
>> Ritual

Plötzlich wusste ich

ich wusste im darauffolgenden Augenblick wie einem zumute ist
was sich einer dabei denken mag

wenn er den mir sonst unverständlich
gewesenen Satz in den Mund nimmt

> es war das traurigste Kapitel
> in meinem Leben

*(Kurzes Intervall)*

Sich den eingebürgerten Gewohnheiten entziehen geht nicht

sie sind zum Gesetz geworden

*(Kurzes Intervall)*

Ich habe mich gefragt

wie es kommt

dass sie im Recht sein könnte

ich ihr Glauben schenken sollte wenn zu dem selben Zeitpunkt jemand anders mir das vollkommen entgegengesetzte erzählt

der mir sogar beweisen kann

        und ich dachte mir: es ist wahr

          man selber hat über sein Leben keine Übersicht

          es hängt von zu vielem ab

          es braucht das geübte Auge eines Fremden

Und dann ertappt man sich dabei

ja

und was das Ganze verschlimmert: man kann nichts als zusehen

          man ist dem Wohlwollen

          der Fürsprache eines Bekannten

          kann sein

          dem Erbarmen einer zusammen-geschlossenen

          hinein bis in die Grundfeste gelangweilten Mitwelt ausgeliefert...

(Der Geistliche, erleichtert aufhorchend, A und ein Bediensteter verstehen diesen Satz als Zeichen; sie nehmen dem einen Bediensteten gegenüber eine bedrohliche Haltung ein.)

          Sie reden dir ein du hättest dies oder jenes verbrochen und beweisen dir

was im Grunde genommen gar
nicht zu beweisen ist

(Der Bedienstete, der merkt, worauf ICH II mit seiner Rede hinaus will, flüchtet.

Im selben Augenblick: Übergang zum Ausgangsbild:

Im Leichenwagen.

Umbau: (1.- Anweisung an die Bühnenarbeiter: das Reck mit den Handgurten wird in den Schnürboden emporgehoben.)

    2.- Der Tisch wird zur Liege umfunktioniert, die Liege wird über Schienen in die Bühnenmitte geschoben.

    3.- Die Geheimtüren gehen auf. Herein kommen die „Stummen Ankläger"
Der Bedienstete mit Geschirr und Gläser ab.
A ab.

    4.- Erst jetzt, wenn der Leichenwagen so in etwa wieder in seinem ursprünglichen Zustand zu erkennen ist, löst sich das Bühnenbild auf, die blanken Metallwände zerfallen in einzelne Teile und schweben nach oben.

Der hintere Teil der Bühne ist nur schwach beleuchtet. Ein aufgeworfener Haufen Erde ist zu sehen.

Vorne links, auf eine schräg eingelassene Wand ist ein Bild projiziert. Es zeigt ein Amphitheater; auf einem Steinquader sitzend: einen Mann im Anzug. Der Kopf, der nachträglich eingesetzt worden ist, ist der von A. ICH I hält die Arme um ihn geschlungen.

Die nachfolgenden Bilder werden simultan gezeigt.)

    I. Bild:
        Zwei „Stumme Ankläger" schieben die Liege mit der Leiche darauf über die Schienen langsam nach hinten, auf die Rückwand zu.

Ihnen folgen der Geistliche, ICH I und ICH II (die, wenn sie tief genug in der Bühne sind, schnell ausgetauscht werden), danach folgen die „Stummen Ankläger".
Wenn sie hinten angekommen sind, breiten sie große weiße Laken darüber; sie schnüren den Leichnam, anschließend geben sie ihn in die Versenkung. Das Grab wird zugeschaufelt.

II. Bild:

Vorne links oben, hinter der Glaswand, steht ICH I, schwanger, tiefer im Hintergrund ICH II, kaum zu erkennen.
ICH I gegenüber sitzt A auf einem Stuhl mit Armlehnen.
Den Oberkörper hält er nach hinten geneigt, die Augen sind geschlossen und die Arme umklammern die Armstützen.

ICH I:	Natürlich könnten wir so tun wie wenn nichts wäre

    so wie wir das bisher getan haben

Mir machst du nichts vor

Du kannst es nicht ertragen
dich abfinden zu müssen

A:	Du fängst an mich zu langweilen

Du langweilst mich gewaltig

Wie kommst du dazu

    mich zu verdächtigen ich könnte der Vater irgendjemandes Kindes sein

Verstehst du denn nicht

Du hast gut und schön gespielt

    warst großartig

    das will ich dir ja gar nicht abstreiten

14.III.15

                                                bist unübertroffen

                              aber damit hat es sich dann auch


(Während des Folgenden wandelt sich die Projektion vorne links allmählich ab. Das Bild verblasst, ein großes Blutgebilde wird sichtbar. Es sollte (wie im Vorspiel) nach Möglichkeit in dickflüssiger Bewegung sein.


ICH I:                        Es fällt mir schwer
                              einzugestehen dass ich mich selbstlos
                              in den Hintergrund gestellt habe

                              dass ich mich in meiner Lage
                              zu unwichtig genommen habe

                              während mein ganzes Denken darauf
                              hinauslief

                              dich vor etwas zu bewahren

                                    von dem ich nicht weiß

                                    was es ist
                                    was ein Unsinn ist

                              Sag selbst

                              ist es nicht ein Unsinn ...


(Das Blutgebilde hat sich vollständig entfaltet. Das Embryo, der Hall von „Verstoß dich, verstoß dich wie du mich verstoßen hast" ist zu vernehmen. Wiederholte Male.)



    *(Kurzes Intervall)*


Von jetzt an rieselt die Erde auf A nieder.

ICH I:                        Ich kann nichts mehr für dich tun

| | |
|---|---|
| A, mit geöffneten Augen: | Wenn ich nun aber bereit bin und mich dazu bekenne |
| | der Vater des Kindes zu sein |
| | was dann? |
| (Kurzes Intervall) | |
| | Es ist mein Kind! |
| ICH I: | Es ist unser Kind! |
| | Du hast dich bislang nicht darum gekümmert |
| | ein Kind |
| | was für ein Kind |
| |     erinnerst du dich |
| | und plötzlich |
| |     ich weiß nicht wie |
| | willst du es haben |
| | plötzlich bezeichnest du es als dein Kind |
| (Kurzes Intervall) | |
| | Wer der Vater ist |
| |     das spielt keine Rolle mehr |

                das war einmal

(Immer mehr Erde rieselt auf ihn nieder.)

A:              Ich habe dir zugehört

                die ganze Zeit über habe ich dir zugehört

                ich habe mir erhofft

                du merkst

                wenn du dir widersprichst

                Weit gefehlt!

                Du widersprichst dir deiner Selbstsucht zuliebe und vergisst darüber das Kind

                Siehst du denn nicht dass alles zusammenbricht woran du geglaubt

                was du dir abverlangt hast

*(Kurzes Intervall)*

                Du wirst dich besinnen

                wirst das

                      wohinter du dich dein Leben lang verkrochen hast

                im allerbesten Fall noch als Übergang ertragen

                Deine Selbstsucht frisst dich auf!

>           Es wird dich immer zum Ausgangspunkt
>           hinziehen
>
>           und davon wirst du wieder fortwollen
>
>           dann hast du das selbe Stadium wieder
>           erreicht
>           wie damals
>
>           wo wir uns begegnet sind
>
>           Eine ständige Wiederholung
>
>               das Ganze von vorne!

*(Kurzes Intervall)*

>           Was versprichst du dir davon ...
>
>               wenn du alles immer nur hinaus
>               zögerst
>
>           Du fliehst wo du dich danach gesehnt
>           hast angekommen zu sein

*(Kurzes Intervall)*


(A ist bis zum Hals mit Erde zugedeckt. Während des Folgenden verschwindet er ganz unter der Erde.)

ICH I, ruhig und wie ins
Leere sprechend:            Ist es

                            weil du selber selbstsüchtig bist?

NACHSPIEL

Das Nachspiel knüpft an, wo das Vorspiel aufgehört hat.

Die Beleuchtung ist gedämpft.
ICH I steht vor dem Klappstuhl; sie wird von zwei „Stummen Anklägern" gestützt. ICH II, der im Gegensatz zum Vorspiel bis knapp vor die Rampe vorgekommen ist, ist gedunsen, zu einer trägen Kugel aufgeblasen. Es ist ihm unmöglich sich zu bewegen, er trieft nur, Fett trieft von ihm herab und ergießt sich über den Boden.
(ICH II ist in Auflösung begriffen, während ICH I zunehmend jugendlicher wirkt; ihr Antlitz ist aufgehellt, satt, kräftig, wirkt entrückt.)

ICH II, mit gepresster, gequetschter Stimme,
die elektronisch entfremdet ist:

                Die Erfahrung dass es Begebenheiten

                Einschnitte im Leben gibt die plötzlich

                und ohne dass du dir über deren

                Tragweite bewusst bist über dich

                hereinbrechen und die dich vor eine

                Tatsache stellen wo dir nichts anderes

                mehr übrig bleibt als dich entweder

                damit abzufinden oder dich zum

                mindesten damit anzufreunden

                      diese Erfahrung ist nichts

                      Besonderes

                      ist aber etwas Besonderes

                      wenn es dabei um den freiwilligen

                      Verzicht geht

eine Bezeichnung die dazu dient sich selbst etwas vorzumachen

um sich über seinen Schmerz hinwegzutrösten und ist also

eine erzwungene Freiwilligkeit und in dem Fall sowieso ein

unfreiwilliger Verzicht bei dem es hauptsächlich darum geht

den unfreiwilligen Verzicht auf ein Fortdauern im eigenen Fleische

und Blut klug und mit Mitteln

      Mittel wie wirksamer Begründungen zu

rechtfertigen

(ICH I verliert Blut. Es rinnt ihr die Schenkel entlang, an den Beinen, zunächst nur ein wenig, dann immer stärker.)

Und natürlich ist ein auf die Weise eingeredeter Verzicht den

man einem so lange einredet bis kein Zweifel mehr besteht dass

man das selbst so gewollt hat ist ein so eingeredeter Verzicht

selbstverständlich ein Prozess der einen lehrt aus sich

herauszugehen auf der Suche nach Ersatzbefriedigung und der

einen dazu ermuntert von außerhalb an sich herunterzuschauen

dabei darauf zu achten dass du

      gewissermaßen ohne direkt wenigstens

      nicht aus Überzeugung mitgeholfen zu

      haben

dass du es geschafft hast ein aufkeimendes Leben zu verhindern ...

(Das Licht blendet langsam aus; die Stimmen von ICH I und ICH II, die sich überlappen, werden schwächer und schwächer.)

ICH II:  dass du letztendlich

aber doch mit einer

Übermacht mit Schuld     ICH I, auch sie mit elektronisch entfremdeter Stimme:

konfrontiert wirst

die sich über deine     Und tief in mir

Proteste erhebt und     Ist er

für alles an dem du     Er

in irgendeiner Form     Ist da

beteiligt und für das     Und ich blicke

du irgendwie herange-     in mich hinein

zogen werden kannst     Wie's dort ausgehen wird

Rechenschaft abver-

langst...     Was aber wird

Wird sein

Dass er bleibt

Er bleibt

Vergraben

DUNKEL

VORHANG

Foto: Markus Wondratschek

Als ich *Unter dem letzten Viertel des Mondes geboren* von Georg Woerer las, fühlte ich mich wie in einem dunklen schweren Traum.
Sein Stück ist für mich ein Rätsel, so wie beinahe alle Träume wunderbare Rätsel sind.
Diesen Text mit meinen Skizzen zu bereichern war mir eine große Freude.

Manû Wondratschek
Künstlerin

Illustrationen von Manû Wondratschek auf Seite 18, 84, 90, 92 und 94.

Gehäutet, allein,
warum Du, Wir, Ich ?

Das Sein als Ich für die Spur

Das Ich sind Wir,
jeder für sich allein

Illustrationen von Claudette Caico auf Seite 26, 38, 46, 78, 96, 100, 104 und 140.

**Un capannone decadente**
La piante si riprendono il loro spazio. Adornano il capannone, lo riscoprono e lo lasciano riscoprire.
Sguardi interessati, per scrutare il tutto.
Tempo, per attraversare il capannone.
Lo si potrebbe osservare velocemente: un buio, abbandonato edificio. Sterile.
Giunge lentamente il giorno? Oppure... Giunge lentamente la notte?
Lo puoi percepire? Avverti Paura? ...oppure... Provi sicurezza?
Prova ad attraversarlo.

„Io c'ho provato... ...ad immedesimarmi. Fino ad un certo punto mi è riuscito."


**Eine verfallene Lagerhalle**
Pflanzen holen sich den Platz wieder zurück. Sie schminken die Lagerhalle, entdecken sie neu und lassen sie neu entdecken.
Interessierte Blicke, um das Ganze zu erforschen.
Zeit, durch die Lagerhalle zu gehen.
Man könnte sie schnell betrachten: Ein dunkles, verlassenes Gebäude. Fruchtlos.
Wird es langsam Tag? Oder... Wird es langsam Nacht? Kannst du sie fühlen?
Spürst DU Angst? ...oder... Spürst DU Geborgenheit?
Probier mal durchzugehen.

„Ich hab's probiert... ...mich hineinzuversetzen. Bis zu einem gewissen Grad ist mir das gelungen."

Michela Bovenzi<br>Architektin

Illustrationen von Michela Bovenzi auf Seite 62 und 126.

*Unter dem letzten Viertel des Mondes geboren*, das Theaterstück von Georg Woerer wurde von Anke Wasser und Gabrielle Wörer an mich herangetragen und bietet mit seinem Reichtum an Metaphorik, Symbolik und Aphorismenketten ein assoziatives Raumangebot, das mich als Künstlerin neugierig gemacht hat. Das Unsichtbare sichtbar zu machen, ist der Leitgedanke meines gesamten Schaffens - durch die Auswahl meiner „Seelenbilder" aus meinen Tage- und Nachtbüchern wird die Sichtbarkeit des Wortes im Visuellen nicht nur gespiegelt, sondern die einzelnen Details des Textes werden wie bei einem Kaleidoskop zu einer immer in Bewegung bleibenden, über Polaritäten hinweg schwingenden Gesamtkomposition verschmolzen.

Barbara von Johnson
Künstlerin

Illustrationen von Barbara von Johnson auf Seite 28, 30, 36 und 164.

Estoy colaborando con *Unter dem letzten Viertel des Mondes geboren* porque pienso que es una buena plataforma para comunicar ideas a través del arte y compartir diferentes puntos de vista de diferentes artistas.

Dieses Kunstprojekt ist meiner Meinung nach eine großartige Plattform für die Künstler und ihre unterschiedlichen Sichtweisen zu diesem Theaterstück *Unter dem letzten Viertel des Mondes geboren*

Manuela Illera<br>
Künstlerin

Bilder von Manuela Illera auf Seite 32, 34 und 146.

Da wir in einer Welt leben, die in bedenklichem Ausmaß einseitig an einer Maximierung der Gewinne orientiert ist, müssen wir befürchten, dass einige vielversprechende Talente, die auf dem weiten Feld der Kunst einen Weg zu finden sich bemühen, an der großen Last mannigfaltiger Erschwernisse zum Scheitern verurteilt sind. Von außerordentlicher Bedeutung sind deshalb alle Unternehmungen die diesem breiten Strom der Entwicklung trotzen. Auf sympathische Weise versucht der MotteVerlag ein Gegengewicht zu schaffen. Als ein solcher Schritt ist das Bemühen zu werten, einen Autor – hier Georg Woerer mit seinem Theaterstück *Unter dem letzten Viertel des Mondes geboren* einen Weg in die Öffentlichkeit zu bahnen.

Hartmut van Riesen
Künstler

Bilder von Hartmut van Riesen auf Seite 8, 10, 14, 16, 22, 24, 48, 52, 76, 142 und 150.

Foto: Detlef Trost

Als mich die Verlegerinnen Anke Wasser und Gabrielle Wörer vom Motte Verlag fragten, ob ich ihr neuestes Buchprojekt *Unter dem letzten Viertel des Mondes geboren* von Georg Woerer mit Abbildungen dreier meiner Arbeiten unterstützen würde, war ich sofort sehr daran interessiert.
Da ich vorher bereits den sehr beeindruckenden Roman *Der Gnom des Khediven* von Georg Woerer gelesen hatte war es für mich eine sehr inspirierende und reizvolle Vorstellung, daß der Text vom Autor und meine Bilder, völlig unabhängig voneinander entstanden, eine kreative Symbiose in diesem spannenden Buchprojekt eingehen.
Dies wird für den Leser höchst interessant sein und ist in dieser Kombination künstlerisches Teamplay at its best!

Oliver Estavillo
Künstler

Bilder von Oliver Estavillo auf Seite 60, 70 und 116.

Für Anke und Gabrielle, die mir vieles zutrauen
und mich spontan überrumpelt haben.

Lea Stikkelorum<br>Künstlerin

Illustrationen von Lea Stikkelorum auf Seite 42, 50, 58, 64, 66 und 74.

Bisher im MotteVerlag erschienen:

Der historische Roman *Der Gnom des Khediven*
von Georg Woerer
ISBN 978-3-9816450-0-2
auch erhältlich als e-book

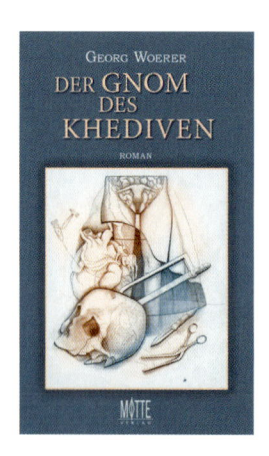

Trailer zum Roman auf www.motteverlag.de

Projekt
*Read & Roll - die längste Leseschleife der Welt*
ein live-art-act auf www.motteverlag.de
und youtube

Von vornherein war für mich als Kunstliebhaberin klar, dass dieses Theaterstück bebildert werden sollte. Ich habe die Künstlerinnen und Künstler, die teilweise bereits in unserem Münchner „Bugs" ausgestellt haben, gebeten, eines ihrer Werke für *Unter dem letzten Viertel des Mondes geboren* zur Verfügung zu stellen. Die Auswahl sollte von dem Stück und dem Autor inspiriert sein – eigenwillig, innig, bockig, trotzig, provokant, dennoch empfindsam und sich treu bleibend. Diese Bilder haben mich so berührt und fasziniert, dass sie in das Theaterstück eingehen mussten, denn auch sie legen vollkommene Emotionen frei.
Vielen Dank für eure Unterstützung: Hartmut, Lea, Claudette, Oliver, Barbara, Manû, Michela, Manuela und dir, Georg.

Anke Wasser, Verlegerin

MOTTE
VERLAG